흔들리는
나에게
필요한
한마디

I Love Myself The Way I am

흔들리는 나에게 필요한 한마디

내 영혼을 지켜주는 자기 사랑 언어 87

서윤진 지음

타커스

나 자신에게 더욱 집중하라.
언제나 나를 1순위에 두어라.
다른 이의 삶에 한눈팔며 살기엔
내 인생이 너무 소중하다.

contents

contents

prologue

—

자기 사랑 언어는
나를 지켜주는 수호천사다!

'내게도 수호천사가 있다면……'

누구나 한 번쯤 이런 생각을 해보았을 것입니다.
아무리 힘든 일이 닥치더라도
나를 지켜주는 수호천사가 있다면
두려울 것도, 주저할 것도 없을 것입니다.

우리는 누구나 수호천사를 만날 수 있습니다.
두려움, 죄책감, 근심걱정이 담긴 '자기 부정 언어'를 버리고,
자신을 있는 그대로 인정하고 사랑하는
'자기 사랑 언어'를 사용하면 됩니다.

자기 사랑 언어는 불행이나 좌절의 순간에
다시 일어설 수 있도록 힘을 줍니다.

"오히려 잘됐다. 좋은 경험이었다."
"나는 내 방식대로 행복할 것이다."
"나는 행복할 운명이다."

이렇게 말하는 순간 나를 둘러싼 공기와
주위의 분위기가 즉시 달라집니다.
마치 나를 중심으로 강력한 보호막이 형성되는 것과 같습니다.
이런 말을 하는 순간 가슴속에서는 담대한 용기가 일고
머릿속에서는 문제를 해결하려는 이성이 눈을 뜹니다.

자기 사랑 언어는 새로운 가능성을 열어주고
더 나은 나를 만날 수 있도록 이끌어줍니다.

"나는 날마다 발전하고 있다."
"나는 무한한 가능성을 갖고 있다."
"새로운 방식으로 해보자."

이런 말들은 내면의 고정관념과 일상의 관성을 깨고
가능성의 문을 활짝 열어줍니다.

또한 자기 사랑 언어는 마음의 평화와 자유를 줍니다.

"나는 내 기분을 선택할 수 있다."
"나는 자유롭게 감정을 표현한다."
"나에게 필요한 말을 가려서 듣는다."

이런 말들은 쓸데없는 걱정과 잡념에서 벗어나도록 이끌어줍니다.

단, 한 가지 명심할 것이 있습니다.
말을 통해 삶을 바꾸고자 한다면
말의 힘을 믿고 따를 준비가 되어 있어야 합니다.
어린아이가 주변을 의식하지 않고
오직 자신의 순수한 감정에만 따르는 것처럼
우리도 조금의 의심도 없이 말의 힘을 믿고 꾸준히 실천해야 합니다.
입으로는 "다 잘될 것이다"라고 하면서도
우리의 마음은 이를 의심하고 거부하려는 경향이 있습니다.
이러한 부정적인 마음을 극복해야 합니다.

자기 사랑 언어를 내뱉는 즉시,
내 주위에는 나를 지켜주는 강력한 보호막이 형성됩니다.
그 보호막을 더 단단하게 만들어주는 것은
행복해지고자 하는 간절한 마음과 믿음입니다.

I love myself The way I am

1장

자신에 대하여

“나는 특별한 사람이다”

• 우리는 누구나 사랑받기 위해 태어난 존재입니다

우리는 흔히 겸손의 표현으로
자신을 ‘평범한 사람’ 혹은 ‘보통사람’이라고
말하기를 좋아합니다.
그러나 ‘특별한 사람’이라는 말이 ‘나만 잘났다’는
자만심이나 거만함을 뜻하는 것은 아닙니다.

우리는 누구나 행복하고 사랑받기 위해
태어난 특별한 존재입니다.
불행하기 위해서 혹은 미움을 받기 위해서
태어난 사람은 아무도 없습니다.
그러니 어느 누구도 내 존재 자체를
무시하거나 배척할 수 없습니다.
그것이 나 자신이라고 해도 마찬가지입니다.

“내가 하는 일이 다 그렇지 뭐.”

"'나 같이 못난 놈이 무엇을 잘할 수 있겠어?"

이런 부정적인 말로 스스로를 하찮은 존재로
만드는 사람은 결코 행복할 수 없습니다.

"나는 특별한 사람이다."
"나는 행복할 자격이 있다."
"나는 사랑받기 위해 태어났다."

자기 자신에게 이런 말들을 들려주세요.
우리의 마음도 때로는 이러한 지지와 응원이 필요합니다.

당신만 느끼고 있지 못할 뿐, 당신은 매우 특별한 사람이다. – 데스몬드 투투

자신의 몸, 정신, 영혼에 대한 자신감이야말로 새로운 모험, 새로운 성장 방향, 새로운 교훈을 계속 찾아나서게 하는 원동력이며, 바로 이것이 인생이다.
– 오프라 윈프리

"나는 내 방식대로 행복할 것이다"

• 내 몫의 삶을 다른 사람과 비교하지 마세요

불행의 대부분은 다른 사람과 자신을
비교하면서부터 시작됩니다.
다른 사람의 인생을 부러워하는 순간
내 인생은 생기를 잃고 초라해집니다.

내게는 내 몫의 인생이 있습니다.
그것을 인정하지 않고 받아들이지 못하면
결코 자신을 사랑할 수 없고
행복과 만족을 느낄 수 없습니다.
불만과 피해의식 속에서 평생을 살아가게 됩니다.

내게는 내 몫의 삶이 있듯이
내 몫의 행복도 따로 있습니다.
그것을 찾아내는 것이 중요합니다.

사람들은 다른 사람의 행복은 잘 알아보면서도
정작 자신이 언제 정말 행복하고
무엇을 할 때 진정한 기쁨을 느끼는지는
잘 알지 못합니다.
그래서 다른 사람의 인생을 모방하며
점점 더 공허한 마음을 갖게 되는 것입니다.

그럴 때는 이렇게 말해보세요.
"나는 내 방식대로 행복할 것이다!"

내가 원하는 행복, 내 몫으로 주어진 행복이
나를 알아보고 찾아올 것입니다.

재물을 스스로 만들지 않는 사람에게는 쓸 권리가 없듯이 행복도 스스로 만들지 않는 사람에게는 누릴 권리가 없다. — 조지 버나드 쇼

“이 일을 할 때 진짜 살아 있는 것 같다”

• 인생의 목적과 삶의 이유를 찾아보세요

‘나는 무엇을 위해 사는가?’

평소 이런 생각을 해보지 않은 사람이라면
오히려 그럭저럭 잘 살아가고 있는 사람일 확률이 높습니다.
‘내가 살아가는 이유는 무엇인가?’라는 고민에 사로잡힌 사람은
대개 삶의 의미를 찾지 못해 방황하는 사람들입니다.

하지만 ‘이만하면 잘 살고 있다’라고 느끼는 것과
‘진짜 살아 있다’라고 의식하는 것은 전혀 다릅니다.
생각만 해도 가슴 뛰고 설레는 감정이 생기고
생기와 기쁨을 느낄 때 우리는 진짜 살아 있는 것입니다.

‘진짜 살아 있음’을 의식할 수 있는 일을 찾는 것이야말로
우리 인생의 목표이자 살아갈 이유가 될 것입니다.

자신의 존재 이유를 찾아보세요.
그리고 이렇게 말해보세요.

"이 일을 할 때 진짜 살아 있는 것 같다!"

그 순간 우리의 인생은 이전과는 완전히 다른
새로운 인생이 될 것입니다.

지금 이 인생을 다시 한 번 완전히 똑같이 살아도 좋다는 마음으로 살아라.
– 프리드리히 니체

"내가 나인 것이 좋다"

• 스스로를 있는 그대로 받아들이고 사랑해주세요

자기 자신을 사랑할 줄 아는 사람은
외롭지 않습니다.

자신의 긍정적인 면은 다른 사람들로부터
좋은 평가를 받고 칭찬을 듣기도 합니다.
하지만 부정적인 면과 어둡고 상처 입은 내면까지
진심으로 사랑해주는 사람은 찾기 어렵습니다.
그래서 우리는 외로움을 느낄 수밖에 없습니다.
온전한 나 자체로 사랑받지 못한다는 생각이
결핍과 외로움을 만들기 때문입니다.

우리가 갓난아기 시절 부모로부터 받았던 사랑은
무조건적인 사랑입니다.
부모는 갓난아기가 어떤 일을 해도
"왜 그렇게 하느냐?" 하고 이유를 묻지 않습니다.

부모의 사랑에는 설명이 필요 없고
논리와 설득도 필요 없습니다.
내 자식이기에 그냥 받아주고 사랑하는 것입니다.

우리가 성인이 되면, 스스로 자신의 내면에 있는
어린아이에게 이러한 사랑을 주어야 합니다.
내면의 아이는 때때로 질투와 욕망에 사로잡혀 괴로워합니다.
불안과 두려움에 눈물을 흘리기도 합니다.
죄책감과 피해의식으로 우울해하기도 합니다.
이 아이를 다독이고 사랑해줄 사람은
바로 나 자신밖에 없습니다.

"나는 내가 나인 것이 참 좋다."

진심을 담아 이렇게 말해주세요.
외로움이 조금씩 사라질 것입니다.

자기 자신에게 진실하라. 그러지 않으면 다른 누군가가 되고 싶어진다.
– 로저 로젠브라트

“나는 점점 더 아름다워지고 있다”

• ‘나다움’을 찾아 존재감을 만들어가세요

많은 사람들이 나이 먹는 것을 두려워합니다.
그 중에서도 가장 큰 두려움은 외모가 늙어간다는 것입니다.
우리 사회는 지나치게 젊음을 찬양하고
젊음 자체에 큰 가치를 부여합니다.
하지만 우리가 흔히 생각하는 것과 달리
나이가 들수록 더욱 매력적인 모습으로 변하는 사람들이 많습니다.

성공한 사람들의 젊은 시절 사진을 보면
의외로 어설프고 볼품없는 모습을 하고 있습니다.
‘이 사람이 정말 그가 맞나?’ 하는 의심이 들 정도로
전혀 다른 사람처럼 보이기도 합니다.
한마디로 존재감이 전혀 느껴지지 않습니다.
도대체 왜 그런 것일까요?

우리는 자신이 어떤 사람인지를 인식하고

나다운 것이 무엇인지를 알게 되면서
비로소 존재감을 갖게 됩니다.
이러한 변화는 외적인 모습에서 가장 강하게 드러납니다.

오랫동안 한 길을 걸어온 사람,
매순간 꿈과 열정을 품고 살아온 사람은
자신만의 아우라를 갖게 됩니다.
그 아우라가 존재감을 만드는 것입니다.

그러니 나이를 먹는다고 두려워할 필요는 없습니다.
자신을 있는 그대로 받아들이고 존재 자체로 사랑하는 사람은
나이가 들수록 더 아름답고 매력적인 모습을 갖게 됩니다.
나이가 들수록 더 큰 존재감을 드러내게 됩니다.

20대의 얼굴은 자연이 준 것이지만, 50대의 얼굴은 스스로 만들어야 한다.
– 코코 샤넬

"나는 젊고 건강하다"

• 청춘은 나이가 아니라 생각에 따라 결정됩니다

"나이를 먹으니 체력이 떨어져서……."
"거울을 보니 나이는 속일 수가 없어……."
"젊었을 때는 생기 넘치고 총명했는데……."

이처럼 모든 일에 나이 탓을 하는 사람들이 있습니다.
이런 말을 하는 사람의 신체 나이를 측정해보면
실제 나이보다 더 많이 나옵니다.
우리의 뇌는 이런 말을 자꾸 들을수록
신체 나이를 생각의 나이에 맞추기 때문입니다.

'청춘'이라는 단어는 특정 시기를 뜻하지 않습니다.
스스로 젊고 건강하다고 생각한다면
나이와 상관없이 청춘으로 살 수 있습니다.
청춘으로 살 것인지, 늙은이로 살 것인지는
우리가 선택하기 나름입니다.

나이에 끌려가지 않고 나이를 초월해서 살고 싶다면
"나는 젊고 건강하다" 하고 말해보세요.
똑같은 일상 속에서도 한결 생기가 돌고
활력이 솟을 것입니다.

우리는 성장할 뿐 늙지 않는다. 하지만 성장을 멈춘다면 비로소 늙게 된다.
– 랄프 왈도 에머슨

열정을 잃은 사람은 노인과 같다. – 헨리 데이비드 소로우

"나는 나를 믿는다"

• 어떤 순간에도 나 자신을 응원해주세요

인생이라는 여정에는 우리가 상상하지 못하는
무수한 일들이 예정되어 있습니다.

더 좋은 경험을 할 것이라는 기대를 갖고
적극적으로 인생을 마주하는 사람과
나쁜 일이 일어나지 않기를 바라며 방어적인 자세로
인생을 사는 사람 사이에는 큰 차이가 있습니다.
전자에게 인생은 즐거운 모험으로 가득 찬 여정이지만,
후자에게 인생은 두렵고 고단한 고행일 뿐입니다.

그럼 이 둘의 차이는 무엇일까요?
인생을 두려움 없이 살아가는 사람들에게는
어떤 일을 하고, 그 결과가 어떠하든
마지막 순간까지 자신을 믿고 응원해주는 사람이 있습니다.

그 사람은 바로 자기 자신입니다.
내가 가장 의지해야 할 사람은 바로 나 자신입니다.
가족과 친구, 이웃의 격려와 위로도 중요하지만
내가 나를 믿지 못하고 응원하지 못하면
진정으로 용기를 내기가 어렵습니다.

어떤 일을 하든, 어떤 결과가 생기든
나는 나를 믿어야 합니다.
나는 나를 응원해야 합니다.

"나는 나를 믿는다"라는 말은
아무리 많이 해도 지나치지 않습니다.

스스로를 신뢰하는 사람만이 다른 사람들에게 성실할 수 있다. – 에리히 프롬

나 자신에 대한 자신감을 잃으면, 온 세상이 나의 적이 된다. – 랄프 왈도 에머슨

“마음 가는 대로 한다”

• 내 마음의 소리에 귀 기울여주세요

아무리 생각해도 어떻게 해야 할지
결정하기 어려울 때가 있습니다.
이런 저런 방법을 모두 동원해도
뾰족한 답이 떠오르지 않을 때가 있습니다.
이럴 때는 결국 마음 가는 대로 하는 수밖에 없습니다.

하지만 한 가지 원칙이 있습니다.
어떤 것을 선택하든 다른 사람에게 미루지 않고
자신이 직접 결정하는 것입니다.
그래야 비록 실패하더라도 그 결정을 통해
지혜를 얻을 수 있기 때문입니다.

“마음 가는 대로 하자. 그리고 결과를 기꺼이 받아들이자!”

이렇게 말하고 마음의 소리에 귀를 기울여보세요.

때로는 마음이 시키는 대로 하는 것이
가장 안전한 길입니다.

자신의 본성이 어떤 것이든 그에 충실하라. 자신이 가진 재능의 끈을 놓아 버리지 마라. 본성이 이끄는 대로 따르면 성공할 것이다. – 시드니 스미스

마음은 이성이 알지 못하는 스스로의 이유를 갖고 있다. – 블레즈 파스칼

“나는 행복할 운명이다”

• 운명은 언제나 내 편입니다

운명은 정해져 있는 것일까요,
아니면 만들어가는 것일까요?

우리는 어떤 것이 맞는지 알 수 없습니다.
다만, 운명이 ‘내 편’이라는 사실만을 알 뿐입니다.

내가 행복하기를 원하면
운명은 나를 도와 행복으로 이끌어줄 것입니다.
내가 불행을 예정하면
운명은 나를 불행으로 인도할 것입니다.
선택은 우리 자신의 몫입니다.

“나는 행복할 운명이다!”

행복해지고 싶다면 이렇게 말하는 것부터 시작해보세요.

예상치 못한 어려움이 생기더라도 포기하지 않고
계속 해나갈 힘을 얻게 될 것입니다.
하루하루가 즐겁고 기분 좋은 여정이 될 것입니다.
내 운명은 이미 행복하기로 정해져 있기 때문입니다.

대부분의 사람은 자신이 마음먹은 만큼만 행복하다. – 에이브러햄 링컨

사람들이 꿈을 이루지 못한 한 가지 이유는 그들이 생각을 바꾸지 않으면서 결과를 바꾸고 싶어 하기 때문이다. – 존 맥스웰

"나는 행복할 권리가 있다"

• 스스로 행복을 포기해서는 안 됩니다

우리는 누구나 행복할 권리가 있습니다.
일상의 권태와 삶의 무게 때문에
우리는 자주 이 단순한 진리를 잊고 지냅니다.

힘들고 고단한 삶을 당연하게 받아들이면
행복하고자 하는 의지가 점점 사라집니다.
일종의 행복 무기력증에 빠져
스스로 행복을 포기해버리게 되는 것입니다.

지금 이 순간 존재한다는 사실만으로
우리 모두에게는 행복할 권리가 있습니다.
누구도 함부로 이 권리를 포기해서는 안 됩니다.
혹시 자신도 모르는 사이에 행복하기를 포기한 채
살아가고 있는 것은 아닌가요?

모든 권리가 그렇듯 행복할 권리 역시
스스로 지키고 보호해야 합니다.

"나는 행복할 권리가 있다!"

삶이 권태롭고 무기력하게 느껴진다면
이렇게 큰소리로 말해보세요.
자신의 행복에 대해 더욱 확신을 갖게 될 것입니다.

지금 내가 가진 행복을 눈에 보이는 대로 아무 의심 없이 전부 끌어 모으면 상당히 높이 쌓을 수 있을 것이다. 행복이라는 선물은 받을 줄 아는 자의 몫이다. – 랄프 왈도 에머슨

"나는 상처받지 않을 권리가 있다"

• 자기 중심을 지키는 사람은 쉽게 상처받지 않습니다

행복이 받을 줄 아는 사람의 몫이듯
상처도 스스로 받고자 하는 사람의 몫입니다.

우리는 쉽게 상처받는 이유는
상대에게 의지하려는 마음을 갖기 때문입니다.
상대에게 사랑받고 인정받으려고 하기 때문입니다.
좋은 사람, 능력 있는 사람이라고 평가받으려고 하기 때문입니다.

상대에 대한 기대가 무너지는 순간
우리는 상처받는다고 느낍니다.
하지만 이것은 내 욕심이 만들어낸 그림자일 뿐입니다.
상대에게 인정받는 것이 빛이라면,
인정받지 못하는 것은 그림자입니다.
빛을 얻으려면 그림자도 함께 받아들여야 합니다.
그것이 자연의 이치입니다.

누구에게도 의지하지 않고
자기 중심을 지키는 사람은 쉽게 상처받지 않습니다.
스스로에 대한 믿음이 확고한 사람은 쉽게 흔들리지 않습니다.

상대가 아무리 내게 상처를 주려고 해도
내가 받지 않으면 그뿐입니다.
상대가 아무리 나를 흔들려고 해도
흔들리기를 거부하면 됩니다.

"나는 상처받지 않을 권리가 있다!"
"나는 누구에게도 의지하지 않고 홀로 설 것이다!"

이렇게 당당하게 선언하세요.
더 이상 상처받는 삶을 거부하세요.

이 세상에서 내가 인정하는 유일한 독재자는 내 안의 작은 목소리뿐이다.
— 마하트마 간디

"나에게 더 집중하자"

• 다른 이의 삶에 한눈팔며 살기엔 내 인생이 너무 소중합니다

많은 사람들이 자기 자신에게
집중하지 못하는 병을 갖고 있습니다.
그 병은 '비교병' 혹은 '의식병'입니다.
끊임없이 다른 사람들과 자신을 비교하고
상대를 의식하기 때문입니다.

이 병에 걸린 사람들은 자신이 아니라
다른 사람들의 삶에만 관심을 쏟습니다.
자신이 무엇을 좋아하고 어떨 때 행복한지보다
다른 사람들의 취향과 기분을 더 궁금해합니다.
자신의 존재 이유를 알지 못한 채 빈 껍데기로 살아갑니다.
그러다 어느 순간 한없는 허무와 자기연민에 사로잡힙니다.

우리는 자신에게 더 집중할 필요가 있습니다.
다른 이의 삶에 한눈팔며 허투루 살아가기에는

내 인생이 너무나 소중하기 때문입니다.

다른 사람의 삶에 돌렸던 눈길을 거두고
"나에게 더 집중한다" 하고 말해보세요.
내 인생의 주인은 바로 나 자신입니다.

인생은 거울과 같으니, 비친 것을 밖에서 들여다보기보다 먼저 자신의 내면을 살펴야 한다. – 월리 페이머스 아모스

위인이나 위인의 조건에 대한 논쟁으로 시간을 낭비하지 마라. 스스로 위인이 되라. – 마르쿠스 아우렐리우스 안토니우스

"지금까지 잘해왔다"

• 자신의 부족한 부분을 인정하고 보듬어주세요

우리는 자꾸 자신을 평가하고 비판하려는
마음에 사로잡힙니다.
그렇게 하면 스스로 더욱 분발해서 잘하려고
노력하게 될 것이라고 기대하기 때문입니다.

하지만 비난과 비판 속에서는 열정이 자라지 못합니다.
비판하면 할수록 마음은 더욱 위축됩니다.
비난하면 할수록 열정은 더욱 사그라듭니다.
점점 더 이러한 악순환에 빠지게 됩니다.

자신에게 좀 더 너그러워지세요.
자신의 부족한 부분을 인정하고 보듬어주세요.
자꾸 자신을 비판하고 싶은 마음이 일어난다면
"지금까지 잘해왔다" 하고 말해보세요.

열정은 스스로 꽃피지 못합니다.
격려하고 지지해주는 사람이 필요합니다.
식었던 열정이 되살아날 수 있도록
내가 먼저 나의 부족한 부분을 껴안아주세요.
그래야 비로소 다시 시작할 용기를 낼 수 있습니다.

당신의 노력을 존중하라. 당신 자신을 존중하라. 자존감은 자제력을 낳는다. 이 둘을 모두 겸비하면, 진정한 힘을 갖게 된다. – 클린트 이스트우드

“따뜻한 품성과 인간미를 갖자”

• 시간이 갈수록 점점 더 좋아지는 사람이 되세요

색깔과 모양은 아름답지만 아무 향기가 없는 꽃이 있고
모양은 평범하지만 무척 향기로운 꽃이 있다면
사람들은 어느 꽃을 선택할까요?

아마 처음에는 색깔과 모양이 아름다운 꽃에
사람들이 몰려들 것입니다.
하지만 이내 흥미가 시들해지고
향기로운 꽃에 관심을 갖게 될 것입니다.
향기로운 꽃은 사람들이 자신을 보고 있지 않는
동안에도 은은한 향기로 사람들을
계속 즐겁고 행복하게 만들어주기 때문입니다.

사람도 마찬가지입니다.
겉에서 볼 때만 좋은 사람이 있고
언제나 곁에 두고 싶은 사람이 있습니다.

좋은 조건 때문에 첫눈에 끌리는 사람이 있고
은은한 매력 때문에 시간이 지날수록
점점 더 좋아지는 사람이 있습니다.

사람에게 향기란 무엇일까요?
사람의 향기는 품성과 인간미입니다.
믿고 신뢰할 수 있는 사람, 오랫동안 함께 하고 싶은 사람은
따뜻한 품성과 인간미를 갖고 있습니다.

나 자신에게는 과연 어떤 향기가 나는지 생각해보세요.
그리고 "따뜻한 품성과 인간미를 갖자" 하고 말해보세요.
사람들을 감동시키고 상대의 마음을 움직일 수 있는
힘이 생길 것입니다.

당신이 가질 수 있는 보물 중 좋은 평판을 최고의 보물로 생각하라. 명성은 불과 같아서 일단 불을 붙이면 그 불꽃을 유지하기가 비교적 쉽지만, 꺼뜨리고 나면 다시 그 불꽃을 살리기가 지난하기 때문이다. 좋은 평판을 쌓는 방법은 당신이 보여주고 싶은 모습을 갖추기 위해 노력하는 것이다.
– 소크라테스

“혼자 있는 시간이 소중하다”

• 고독을 기꺼이 받아들이세요

고독은 우리를 성숙하게 만듭니다.
혼자 있는 시간을 어떻게 보내느냐에 따라
우리의 내면의 깊이가 달라집니다.

혼자 있는 시간을 못 견디는 사람은
자신의 깊이가 어느 정도인지 알지 못합니다.
자신의 영혼과 대면할 기회를 갖지 못하기 때문입니다.

우리의 인생을 풍요롭게 만드는 것은
많은 경험과 다양한 만남이지만
우리의 내면을 성장시키는 것은
혼자 있는 시간입니다.

혼자 있는 시간을 두려워하지 마세요.
“혼자 있는 시간이 소중하다” 하고 말해보세요.

수많은 관계 속에 있는 내가 아니라
단독자로서의 나 자신과 대면해보세요.
지금껏 알지 못했던 자신의 새로운 면을 발견하게 될 것입니다.
자신이 얼마나 많은 가능성을 지닌 존재인지 깨닫게 될 것입니다.

우주가 얼마나 큰지를 가르쳐주는 것은 거대한 고독뿐이다. – 알베르 카뮈

I love myself The way I am

2장

변화와 가능성에 대하여

"나는 날마다 발전하고 있다"

• 현실에 안주하려는 순간 행운이 도망갑니다

"해놓은 것도 없이 나이만 먹는다."

이런 말을 하며 한탄하는 사람들이 있습니다.
이들의 삶은 실제로 점점 더 퇴보하게 됩니다.
이들은 대체로 새로운 일을 좋아하지 않고,
새로운 만남을 즐기지 않고,
새로운 생각조차 거부합니다.
매일 해오던 일을 매일 해오던 방식대로 해나가며
습관적으로 하루하루를 살 뿐입니다.
그러다 보니 어느 순간 자신이 말한 것처럼
해놓은 것도 없이 나이만 먹게 되는 것이지요.

"나는 날마다 발전하고 있다!"

좋은 운을 불러오고 싶다면 이렇게 말해야 합니다.

진심으로 변화를 받아들이고자 하는 마음과
지금보다 더 성장하고자 하는 의지를
말을 통해 표현해야 합니다.
그러면 우리의 뇌는 이러한 의지를 알아차리고
스스로를 발전시키기 위해 노력합니다.

하지만 입으로는 이렇게 말하면서
행동이 하나도 바뀌지 않는다면
우리의 뇌는 이러한 말을 '거짓말'로 인식하게 됩니다.

"나는 날마다 발전하고 있다" 하고 말할 때는
간절한 마음을 담아 진심으로 말해야 합니다.

진보란 변화 없이는 불가능하며, 마음을 바꾸지 못하는 사람들은 아무도 바꾸지 못한다. – 조지 버나드 쇼

“120% 해낼 수 있다”

• 자신의 역량을 뛰어넘어 스스로의 한계를 깨보세요

때로는 자신이 가진 능력의 120%를 발휘할 수 있습니다.
‘반드시 해내고 싶다’라는 강한 동기를 가졌을 때입니다.

이때의 ‘해내고 싶다’는 마음은 부담이나 의무감이 아닙니다.
자기 자신을 뛰어넘고자 하는 순수한 열정입니다.

상대가 있는 싸움은 아무리 열심히 해도
100%의 능력을 발휘하는 것이 최고치입니다.
하지만 자기 자신과의 싸움에서는
능력의 한계를 뛰어넘는 결과를 만들어낼 수 있습니다.
더 나은 자신이 되겠다는 순수한 동기와 열정이
그것을 가능하게 해줍니다.

우리의 가능성은 우리가 생각하는 것 이상입니다.
조금 두렵고 버거운 일이 생기더라도

"120% 해낼 수 있다" 하고 말해보세요.

스스로 자신의 한계를 깨는 것이야말로 진정한 성장입니다.

탁월한 능력은 새로운 과제를 만날 때마다 스스로 발전하고 드러낸다.

– 발타자르 그라시안

최고가 아니면 그 어떤 것도 받아들이지 않을 때 최고가 되는 경우가 아주 많다. 그래서 삶은 재미있다. – 헬렌 켈러

“내가 직접 해보자”

• 다른 사람에게 기대하지 말고 스스로 해보세요

때때로 상대가 어떤 일을 해주었으면 하고
바랄 때가 있습니다.
대개 처음에는 좋은 말로 부탁을 합니다.
그런데 부탁을 해도 상대가 받아들이지 않으면
다음 단계로 우리는 상대를 설득하기 시작합니다.
그가 이 일을 해야 하는 이유와 보상에 대해 설명합니다.
그래도 상대가 움직이지 않으면,
어떤 이는 독촉하고 또 어떤 이는 비난합니다.
하지만 이렇게 한다고 해도 상황은 별로 달라지지 않습니다.

생각해보면 그 일을 하고 싶은 것은 그가 아니라
바로 나 자신이기 때문입니다.
이때 “그럼 내가 직접 해보자” 하고 말해보세요.

‘나는 한 번도 그런 일을 해보지 않았어.’

'나는 전문가가 아니야.'
'나는 능력이 없어서 못해.'

물론 이런 생각들이 앞 다투어 일어날 것입니다.
하지만 두려워할 필요 없습니다.
오랫동안 원하던 일이라면
내 마음속에 이미 그 일을 할 준비가 되어 있습니다.

"내가 직접 해보자."

바로 이 한 마디가 당신의 생각을 현실로 만들어줄
마법의 주문이 되어줄 것입니다.

할 수 있다고 말하다 보면, 결국 실천하게 된다. – 사이먼 쿠퍼

“일단 해보자”

• 실패를 두려워하는 한 결코 성공할 수 없습니다

처음 시도하는 일을 할 때는 누구나 두렵기 마련입니다.
실패할 가능성이 높기 때문입니다.
그러나 첫 시도에서 성공하는 일은 극히 드물뿐더러
바람직하지도 않습니다.
기본기를 쌓을 수 있는 소중한 기회를
스스로 놓치는 꼴이 되기 때문입니다.

도전과 실패가 한쌍이라는 사실을 당연하게 받아들일 때,
우리는 기꺼운 마음으로
도전하고, 실패하고, 마침내 성공할 수 있습니다.

그래도 여전히 실패가 두렵다면,
“일단 해보자” 하고 소리 내어 말해보세요.
이 말을 하는 순간 우리의 뇌는 깨어나기 시작합니다.

이미 숙달된 일을 할 때나 반복되는 일상 속에서
우리의 정신은 긴장과 생기를 잃게 됩니다.
편안함에 안주하려는 관성이 새로운 도전을 가로막습니다.
이 벽을 깰 수 있는 것이 바로 "일단 해보자"라는 말입니다.

새로운 혁신을 원한다면 실패를 염두에 두고 많은 실험을 시도해야 한다. 혁신은 예외가 만들기 때문이다. – 팀 하포드

"오히려 잘됐다"

• 행운은 예상치 못한 순간에 찾아옵니다

행운은 계획한 상황이 아니라
예상치 못한 순간에 찾아옵니다.

계획한 대로 진행된 일의 결과는
대개 예측에서 크게 벗어나지 않습니다.
자신이 가진 능력과 쏟아 부은 시간,
투자한 자금만큼 결과가 나오기 마련입니다.

반면 뜻밖의 행운은 스스로 통제할 수 없지만
그 결과도 기대치를 뛰어넘는 경우가 많습니다.
이러한 이치를 안다면 일이 계획에서 벗어났을 때
오히려 더 기뻐해야 합니다.

일이 계획한 대로 되지 않더라도
섣불리 부정적인 결과를 예상하지 마세요.

그것이 행운의 시작일지도 모릅니다.

"오히려 잘됐다" 하고 말해보세요.

행운은 예상치 못한 순간에 찾아옵니다.

행운과 기회는 같은 것이 아니다. 기회는 우리가 미래를 향해 힘껏 내딛는 첫걸음이며, 행운은 그 뒤에 오는 뜻밖의 결과이다. – 에이미 탠

나는 행운을 철저하게 믿는 사람이다. 그런데 행운은 힘들게 일할수록 더 많이 따라온다. – 스티븐 리코크

용기 있는 자는 스스로 운을 만들어간다. 결국 운은 행동의 산물인 것이다.
– 미겔 데 세르반테스

“새로운 방식으로 해보자”

• 생각의 전환을 통해 새로운 가능성의 문을 열어보세요

어떤 일을 할 때 계속 결과가 좋지 않을 때가 있습니다.
열심히 노력했는데도 불구하고
매번 기대에 못 미치는 성과를 내기도 합니다.

이때 사람들은 보통 두 가지 반응을 보입니다.
먼저, 실망하고 자책하는 부류가 있습니다.
‘내 능력이 이것밖에 안 되는구나……’ 하고 생각하는 사람입니다.
한편, 오기와 근성으로 될 때까지 밀어붙이는 사람도 있습니다.

그런데 이 두 가지 모두 좋은 결과를 내기는 어렵습니다.
여러 번 시도했는데도 성과가 기대에 못 미친다면
포기하거나 하던 대로 밀어붙이기보다는
‘생각의 전환’을 시도해야 합니다.
‘하던 대로’ 하지 않고 ‘새로운 방식’으로 해보는 것입니다.

인간은 무한한 가능성을 지닌 존재입니다.
답은 이미 내 안에 있습니다.
이 사실을 절대 의심해서는 안 됩니다.

막다른 길에 이르렀을 때는
"새로운 방식으로 해보자!" 하고 소리 내어 말하세요.
지금까지 생각하지 못한 새로운 아이디어가 떠오를 것입니다.
닫혀 있던 가능성의 문이 활짝 열릴 것입니다.

사람을 불편하게 만들고 불행으로 이끄는 유혹은 '남들도 그렇게 하니까'라는 말이다. – 레프 니콜라예비치 톨스토이

"나는 무한한 가능성을 갖고 있다"

• 자신이 무한한 가능성을 가진 존재라는 사실을 깨달아야 합니다

"나는 지금보다 더 행복할 것이다."

"나는 지금보다 더 아름다울 것이다."

"나는 지금보다 더 건강할 것이다."

"나는 지금보다 더 사랑받을 것이다."

"나는 지금보다 더 풍요롭게 살 것이다."

"나는 무한한 가능성을 갖고 있다."

우리 스스로 이렇게 믿고, 입으로 소리 내어 말할 때
그 변화가 시작됩니다.

당신이 할 수 있거나 할 수 있다고 꿈꾸는 그 모든 일을 시작하라. 새로운 일을 시작하는 용기 속에 당신의 천재성과 능력 그리고 기적이 모두 숨어 있다. – 요한 볼프강 폰 괴테

"좋은 징조다!"

• 모든 것에서 좋은 면을 찾아내보세요

"좋은 징조다!"

이 말은 행운을 불러오는 말입니다.

"왠지 잘 풀릴 것 같다!"

"좋은 일이 일어날 것 같다!"

이런 말들도 마찬가지로 행운을 불러옵니다.

행운을 불러오는 말은 마음속으로 생각하는 것보다

입 밖으로 내뱉을 때 더욱 강력한 효과를 발휘합니다.

매일 '좋은 징조'들을 찾아내보세요.

좋은 일이 점점 더 많이 일어날 것입니다.

좋은 일을 생각하면 좋은 일이 생긴다. 나쁜 일을 생각하면 나쁜 일이 생긴다. 우리는 우리가 하루 종일 생각하는 바로 그것이다. – 조셉 머피

"나는 과거의 내가 아니다"

• 부정적인 생각의 고리를 끊어버리세요

지금 하는 일이 잘 안 풀리고 꼬일수록
우리는 자꾸 과거의 부정적인 일들을 떠올리곤 합니다.
과거에 했던 실수나 어긋난 관계, 후회되는 결정…….
이런 것들을 통해 현재 일이 안 풀리는 이유를 찾고
합리화하려는 심리가 작동하는 것입니다.

"그래, 나는 원래 그런 놈이야."
"나는 어쩔 수 없는 바보야."
"나는 절대 변할 수 없어."
이런 식으로 결론 내림으로써 자신을 바꾸거나
해결책을 찾으려는 노력을 포기할 구실을 찾는 것입니다.

이것은 스스로에게 비겁한 태도입니다.
나는 더 이상 과거의 내가 아닙니다.
나는 과거의 실수를 통해 지혜를 얻었고,

기꺼이 문제에 부딪혀 해결할 수 있는 용기를 갖고 있습니다.
이렇게 스스로를 믿고 의지해야 합니다.

"과거는 과거일 뿐이야."
"나는 더 이상 과거의 내가 아니야."

자꾸만 부정적인 과거의 일들이 떠오른다면 이렇게 말해보세요.
자신에 대한 고정관념을 깨뜨리고
스스로를 변화시킬 용기를 얻게 될 것입니다.

우주에서 우리가 고칠 수 있는 유일한 것은 바로 우리 자신이다. – 올더스 헉슬리

마음이 현실을 만들어낸다. 우리는 마음을 바꿈으로써 현실을 바꿀 수 있다.
– 플라톤

"호기심을 잃지 말자"

• 나이가 들어도 호기심을 잃지 마세요

우리 몸에 노화가 시작될 때 나타나는 가장 큰 변화는
유연성이 떨어진다는 것입니다.
아이들의 몸은 말랑말랑하고 부드럽습니다.
반대로 노인들의 몸은 뻣뻣하고 거칩니다.

우리의 생각도 이와 마찬가지입니다.
생각이 젊으면 사고가 유연하고
생각이 늙으면 사고가 경직됩니다.

생각이 젊고 유연한 사람들은 어떤 특징을 갖고 있을까요?
이들은 어린아이들처럼 호기심이 왕성합니다.
아이 때에는 궁금한 것, 알고 싶은 것투성입니다.
하지만 점점 나이가 들수록 호기심이 사라집니다.
새롭게 알고자 하는 욕구가 없으면 생각도 늙기 시작합니다.

"호기심을 잃지 말자!"

이 말은 우리의 생각이 경직되는 것을 막아주는
마법의 말이자 언제까지나 젊은 정신으로 살겠다는 다짐입니다.

늘 새로운 사상을 흡수하는 습관을 갖자. 언제나 싱싱하게 살려면 그것이 필요하다. – 로맹 롤랑

새로운 것을 보는 것만 중요한 게 아니다. 모든 것을 새로운 눈으로 보는 것이 더 중요하다. – 프란체스코 알베로니

"불평하지 말자"

• 불평은 인생을 악순환에 빠뜨리는 가장 빠른 방법입니다

궁정적인 말이 나를 지켜주는 수호천사라면
불평불만은 불행으로 인도하는 길잡이입니다.

불평하는 순간, 우리 주위에는 부정적인 막이 생겨납니다.
아무리 좋은 동기나 선의의 자극도
웬만해서는 불평의 막을 뚫고 들어오지 못합니다.
그 결과 얼마 남지 않은 의욕과 열정마저 점점 사라집니다.

불평이 특히 위험한 이유는
습관으로 굳어지기 쉽기 때문입니다.
습관적으로 불평하는 사람은
이미 불행의 악순환에 빠진 것입니다.

또한 불평은 쉽게 전염됩니다.
사소한 일에 쉽게 불평하는 사람이 있는 조직은

이내 생기를 잃고 정체되어갑니다.

불평하지 않는 것이야말로
인생을 활기차고 의미 있게 살아가는 첫걸음입니다.

불평하지 않는 법을 배우면서 내가 진정 원하는 것이 무엇인지 알게 되었다.
— 오프라 윈프리

“새로운 것을 배우는 것이 즐겁다”

• 첫 경험의 즐거움을 포기하지 마세요

어른이 되면 돈과 사회적 의무에 매여
배움에 대한 순순한 열정과 즐거움을 느낄 수 있는
기회가 점점 사라집니다.

새로운 것을 배울 때 우리는 다양한 감정을 경험합니다.
첫 경험이 주는 짜릿한 긴장감과 집중력,
서툴렀던 일이 점차 능숙해지는 과정에서
얻게 되는 보람과 성취감이 그것입니다.
이러한 자극들은 반복되는 우리의 삶 속에
생기와 활력을 부여합니다.

인생은 죽을 때까지 배우는 과정이고,
우리는 인생이라는 학교의 영원한 학생입니다.
새로운 것을 배우고 익히는 것이야말로
학생으로서 가져야 할 마땅한 자세일 것입니다.

“새로운 것을 배우는 것이 즐겁다.”

지금 이 순간, 이렇게 선언하세요.
그리고 하고 싶은 일이 있다면 주저 없이 시작하세요.
아직 경험하지 못한 수많은 즐거움이
당신을 기다리고 있습니다.

20년 후 당신은 했던 일보다 하지 않은 일로 인해 더 실망할 것이다. 그러므로 돛을 풀어라. 안전한 항구를 떠나 항해하라. 당신의 돛에 무역풍을 가득 담아라. 탐험하라. 꿈꾸라. 발견하라. – 마크 트웨인

“새로운 사람을 만나는 것이 즐겁다”

• 다양한 만남을 통해 스스로에 대해 더욱 잘 알게 됩니다

“그 사람은 도저히 이해가 안 돼.”

이렇게 말하는 사람은
자기 자신에 대해서도 잘 알지 못하는 사람입니다.

우리는 다양한 만남을 통해 자기 자신에 대해 알아가게 됩니다.
내가 상상했던 것과 정반대로 행동하는 사람,
내가 기대했던 것과 완전히 다른 반응을 보이는 사람을 보면서
우리는 비로소 스스로에 대해 생각해보게 됩니다.
상대의 낯선 행동에 반응하는 자신의 감정과 태도를 통해
자신의 생각과 취향을 더욱 분명하게 인식하게 됩니다.
따라서 상대의 반응이 내 예상이나 기대와 다를수록
나 자신에 대해 더 잘 알게 됩니다.

그런데 자신과 비슷한 부류의 사람들만 만나면서

다른 부류의 사람은 거부하는 사람들도 있습니다.
이러한 태도는 스스로를 알아갈 수 있는
가능성의 문을 닫아버리는 것과 같습니다.

"나는 새로운 사람을 만나는 것이 즐겁다."

이렇게 말해보세요.
미처 알지 못했던 성숙한 자신을 발견하게 될 것입니다.

인생에서 가장 중요한 것은 좋은 스승, 좋은 친구, 좋은 이웃을 많이 가지는 것이다. — 다케우치 히토시

“더 많이 도전할 것이다”

• 후회 없는 인생을 원한다면 지금 더 많이 도전해야 합니다

미국의 한 언론사가 90세 이상의 노인들을 상대로
인생에서 가장 후회되는 것이 무엇이냐고 물었습니다.
90%의 사람이 이 질문에 다음과 같이 대답했다고 합니다.

“좀 더 모험을 해보았더라면 좋았을 것을……”

지금 더 많이 도전하지 않으면,
지금 당장 새로운 일을 시작하지 않으면,
생의 마지막 순간에 우리도 이들과 똑같은
후회를 하게 될 것입니다.

“더 많이 도전할 것이다.”
“더 다양한 모험을 해볼 것이다.”

지금 당장 이렇게 말해보세요.

그리고 주저 말고 행동에 옮기세요.
인생은 누구에게나 단 한 번뿐입니다.

인생에서 최대의 성과와 기쁨을 수확하는 비결은 위험한 삶을 사는 데 있다.
– 프리드리히 니체

도전은 인생을 흥미롭게 만들고, 도전의 극복이 인생을 의미 있게 한다.
– 조슈아 마린

“항상 긍정적인 말을 사용한다”

• 긍정적인 말은 가능성의 문을 열어줍니다

말은 생각의 통로입니다.
부정적인 생각을 하는 사람은 아무리 조심해도
자신도 모르는 사이에 부정적인 말을 내뱉게 됩니다.
부정적인 말은 다시 부정적인 생각으로 이어집니다.
우리는 이런 사람을 '불평불만자'라고 부릅니다.

부정적인 말이 위험한 이유는 무엇일까요?
부정적인 말은 가능성의 문을 닫아버리기 때문입니다.

“못 하겠어”라는 입버릇을 가진 사람에게는
할 수 있는 기회가 점점 줄어듭니다.
이런 사람은 기회를 얻어도 잘해내지 못합니다.
한편, “할 수 있어”라는 입버릇을 가진 사람은
점점 더 많은 기회를 얻고 더 큰 능력을 발휘하게 됩니다.

긍정적인 말은 가능성의 문을 열어주고
부정적인 말은 가능성의 문을 닫아겁니다.
이것이 우리가 항상 긍정적인 말을 사용해야 하는 이유입니다.

긍정적인 말을 하고 싶다면
"나는 항상 긍정적인 말을 사용한다"라는 말부터 시작해보세요.
이 말이 마중물이 되어 긍정적인 말들을
더 많이 이끌어줄 것입니다.

"지면 어떻게 하지" 하고 말하는 순간, 당신은 이미 진 것이다. – 헬렌 켈러

“단순하게 바라보자”

• 마음속 욕심을 버리면 세상이 단순해집니다

거짓을 믿게 하려면 수많은 미사여구가 필요하지만
진리는 단 한 문장으로 정의할 수 있습니다.
마찬가지로 ‘참 행복’은 복잡하지 않고 단순합니다.
그런데 우리는 행복에 무수한 조건을 달아둠으로써
행복에 접근하지 못하는 어리석음을 행합니다.

인생의 많은 문제는 단순하게 바라볼 때 해결됩니다.
단순하게 바라본다는 것은 어떤 의미일까요?
자신의 주관적인 생각과 욕심을 덧씌우지 않는다는 뜻입니다.
그저 있는 그대로 받아들인다는 뜻입니다.

문제를 복잡하게 만드는 사람은
마음속에 자신만의 해답을 정해둔 사람입니다.
인생이 자꾸만 복잡하게 꼬이는 사람은
세상을 자기 뜻대로 움직이려는 욕심을 가진 사람입니다.

욕심을 움켜쥐고 있는 한 문제는 결코 해결되지 않습니다.
"단순하게 바라보자" 하고 말하세요.
그리고 자신의 마음속에 어떤 욕심이 들어 있는지 헤아려보세요.
그것을 찾아내는 순간,
인생의 여러 문제가 신기한 마술처럼 쉽게 해결될 것입니다.

승자의 주머니 속에는 꿈이 있고, 패자의 주머니 속에는 욕심이 있다.
– 탈무드

"나는 열정적으로 활동한다"

• 열정은 신체 활동과 밀접한 관련이 있습니다

우울증을 치유하는 가장 효과적인 처방전은
매일 적당히 몸을 움직이는 것입니다.
걱정을 해결하는 가장 빠른 방법은
지금 당장 해야 할 일을 시작하는 것입니다.
열정은 신체 활동과 밀접한 관련이 있기 때문입니다.

몸을 움직이면 머리와 마음이 따라 움직이게 됩니다.
아이디어가 막힐 때 공원을 가볍게 산책하면
정체되어 있던 생각들이 정리되면서 좋은 영감이 떠오릅니다.
기분이 가라앉을 때 활기찬 거리를 몇 시간 걷고 나면
마음에도 생기가 돌고 활력이 솟습니다.
걱정거리가 있을 때 일단 할 수 있는 일을 시작하면
해결의 실마리가 보이게 됩니다.

식어버린 열정을 깨우고 싶고

쓸데없는 근심걱정을 날려버리고 싶다면
"나는 열정적으로 활동한다" 하고 말하세요.
그리고 지금 당장 할 수 있는 일을 찾아 움직이기 시작하세요.
이것이 열정을 깨우는 가장 쉽고도 효과적인 방법입니다.

행동하지 않으면 의심과 두려움이 생긴다. 행동하면 자신감과 용기가 생긴다. 두려움을 극복하고 싶다면 방에 앉아 그것에 대해 생각하지 마라. 밖으로 나가 바쁘게 돌아다녀라. – 데일 카네기

행동은 자신감을 회복하고 키우는 좋은 방법이다. 행동하지 않는 것은 두려움의 결과이자 원인이다. 어떤 행동이라도 행동하지 않는 것보다 낫다.
– 노먼 빈센트 필

I love myself The way I am

3장

꿈과 비전에 대하여

"비전은 나로부터 시작된다"

• 비전은 누구에게나 주어지는 공짜가 아닙니다

자기가 다니는 회사, 자기가 하고 있는 일,
자기가 만나는 사람들에 대해
"비전이 없다" 하고 말하는 사람들이 있습니다.

이것은 큰 착각입니다.
비전은 주어지는 것이 아니라 내가 만들어가는 것입니다.
상대에게 "비전을 보여달라" 하고 요구하는 것은
내 인생을 책임져달라고 어리광을 부리는 것과 마찬가지입니다.
다른 사람의 비전을 내 것으로 착각하면
결국 다른 사람 인생의 들러리로 살아가게 됩니다.

"비전은 나로부터 시작된다."

비전을 갖고 싶다면, 스스로 이렇게 선언해야 합니다.

비전은 누구에게나 주어지는 공짜가 아닙니다.
꿈과 열정, 실행력을 갖고 있는 사람만이
얻을 수 있는 값진 결과입니다.

성공은 자연 연소의 결과가 아니다. 먼저 자기 자신에게 불을 지펴야 한다.
— 레기 리치

“나는 창의적인 비전을 갖고 있다”

• 생각만 해도 ‘가슴 뛰는 일’, 그것이 나의 비전입니다

모든 사람이 원하는 보편적인 목표는
나의 비전이 될 수 없습니다.
돈, 명예, 성공 같은 진부한 목표도
나의 비전이 될 수 없습니다.

‘부자가 되는 것’이 나의 비전이라면
더 큰 부자가 나타났을 때
나의 비전은 빛을 잃고 초라해질 것입니다.
끊임없이 다른 사람과 비교하며
존재 가치를 느끼지 못하게 될 것입니다.

비전은 창의적이어야 합니다.
생각만 해도 가슴 뛰는 일, 가슴 벅찬 목표,
내가 간절하게 이루고 싶은 바로 그 일이
나의 비전입니다.

"나는 창의적인 비전을 갖고 있다!"

이렇게 선언하세요.
창의적인 비전을 찾는 것이야말로
진실한 인생을 살아가기 위해 가장 먼저 해야 할 일입니다.

상상력은 창조의 시발점이다. 당신은 원하는 것을 상상하고, 상상한 것을 행동에 옮기며, 마지막에는 행동에 옮길 것을 창조하게 될 것이다. — 조지 버나드 쇼

“나는 꿈을 위해 노력한다”

• 다른 사람들에게 자신의 꿈을 알리세요

어떤 사람들은 현실의 고단함을 잊게 해주는
마취제로서 꿈을 이용합니다.
평소에는 현실의 안이함 속에 취해 있다가
문득 권태와 공허함이 밀려오면 자기 위로의 수단으로
“나도 꿈이 있어” 하고 말합니다.
그렇게 잠시나마 현실의 고단함을 잊는 것입니다.

하지만 그것은 진정한 꿈이 아닙니다.
꿈은 혼자 마음속에 간직하는 것이 아닙니다.
진짜 꿈을 가진 사람은 다른 사람들 앞에서
당당하게 자신의 꿈을 공언해야 합니다.
그리고 꿈을 이루어가는 과정을
있는 그대로 보여주어야 합니다.

꿈을 갖는다는 것은 꿈을 이루는 과정도

기꺼이 받아들이겠다는 뜻입니다.
수많은 실수와 시행착오, 실패를 부끄러워하지
않겠다는 뜻입니다.

"나는 꿈이 있다"는 말은
"나는 꿈을 위해 노력한다"는 말과 같은 뜻이어야 합니다.

그대의 꿈이 한 번도 실현되지 않았다고 해서 가엾게 생각해서는 안 된다. 정말 가엾은 것은 한 번도 꿈을 꾸어보지 못한 사람들이다. — 크리스토프 에센바흐

“마음으로 먼저 이룬다”

• 간절히 원하면 반드시 이루어집니다

간절히 원하면 반드시 이루어집니다.
중간에 포기하지 않고
스스로에 대한 믿음을 저버리지 않는다면
원하는 것은 결국 이루어집니다.

원하는 것을 이루었을 때의 기분을 상상해보세요.
가슴 벅참, 깊은 감사, 강한 성취감과 충만함…….
그 감정들을 미리 느껴보세요.
‘마음으로 먼저 이룬다’라는 말의 의미를
알 수 있게 될 것입니다.

꿈은 이루어진다. 이루어질 가능성이 없다면 애초에 자연이 우리를 꿈꾸게 하지도 않았을 것이다. – 존 업다이크

"나는 일의 우선순위를 잘 알고 있다"

• 귀찮고 두렵더라도 가장 중요한 일을 먼저 하세요

어려운 상황에 직면했을 때 가장 먼저 드는 생각은
얼른 그 상황을 피하고 싶다는 것입니다.
그래서 그 문제를 해결하는 것을 자꾸만 미루게 됩니다.
머릿속으로는 우선순위를 알고 있지만
실패하기를 두려워하는 마음이 우선순위를 바꾸는 것입니다.

그런데 먼저 해야 할 일들을 미루기 시작하면
어느 순간 인생 전체를 미루며 살게 됩니다.
정작 하고 싶은 일은 시작도 못하고
하기 싫은 일들만 껴안고 있게 됩니다.

지금 당장 해야 하는 일들을 미루고 싶은 마음이 들 때는
의식적으로 소리 내어 이렇게 말해보세요.

"나는 일의 우선순위를 잘 알고 있다!"

인생을 미루지 않고 자신이 원하는 대로 살기 위해서는 우선순위에 따라 가장 중요한 일부터 해나가야 합니다.

인생을 바꾸려면 지금 당장 시작하라. 대담하게 행동하라. 예외도 없고 변명도 없다. – 윌리엄 제임스

가장 중요한 일이 사소한 일들에 휘둘리도록 내버려두어서는 절대 안 된다.
– 요한 볼프강 폰 괴테

“지금이 가장 빠른 때이다”

• 시작에 대한 두려움을 극복하세요

시작에 대한 두려움을 극복하면
우리의 경험치는 무한대로 늘어날 수 있습니다.
시작하지 않으면 아무 것도 알 수 없지만
시작하면 최소한 ‘해봤다’는 경험은 얻을 수 있기 때문입니다.

시작하기를 두려워하는 마음 한쪽에는
‘너무 늦었다’라는 부정적인 생각이 숨어 있습니다.
이런 생각은 그럴싸한 핑계거리가 되어줍니다.
의지가 없어서 혹은 게을러서 하지 않는 것이 아니라
하고 싶어도 늦어서 할 수 없다며,
시작하지 않은 책임을 상황의 문제로 돌릴 수 있기 때문입니다.

시작에 대한 두려움을 극복하는 가장 좋은 방법은
“지금이 가장 빠른 때이다!” 하고 말하는 것입니다.

오늘은 우리 인생에서 남은 날 중에서 가장 젊은 날이고
지금은 우리 인생에서 시작하기에 가장 빠른 때입니다.

이 사실은 결코 변하지 않습니다.
하고 싶은 일이 있다면 두려움없이
지금 당장 시작하세요.
그것이 인생을 낭비하지 않는 최고의 지혜입니다.

핑계를 잘 대는 사람은 대부분 좋은 일을 하나도 해내지 못한다.
– 요한 볼프강 폰 괴테

“좀 서툴어도 괜찮다”

• 잘하는 일보다 서툴어도 좋아하는 일을 해보세요

잘하는 일과 좋아하는 일이 반드시 일치하지는 않습니다.
잘하지만 좋아하지 않는 일만 하다 보면
이내 삶의 활력을 잃게 됩니다.
조금 서툴러도 좋아하는 일, 하고 싶은 일을 할 때
우리의 삶은 더욱 생기 있고 빛납니다.

좋아하는 일을 찾아내기 위해서는 시행착오가 필요합니다.
그 일을 정말 좋아하는지, 그렇지 않은지는
직접 해봐야 알 수 있습니다.
머릿속으로는 좋아한다고 생각했는데
막상 해보니 별 재미를 못 느끼는 경우도 많습니다.

진짜 좋아하는 일을 찾아내기 위해서는
확신이 없더라도 일단 부딪혀봐야 합니다.
잘하지 않아도 그 자체로 즐길 줄 알아야 합니다.

망설이고 있는 스스로에게 이렇게 말해주세요.
“좀 서툴어도 괜찮아.”
“잘하지 않아도 괜찮아.”

진짜 좋아하는 일을 망설이지 않고 해나갈 때
우리는 비로소 진짜 희열과 즐거움을 경험하게 됩니다.

일을 똑바로 잘할 수 있는 권리뿐만 아니라 일을 서툴게 할 수 있는 권리를 갖고 있다는 사실을 깨닫는 순간, 우리는 아이에서 어른으로 성장한다.
– 토머스 사즈

연애를 할 때는 서툴고 능숙하지 않아도 마음이 즐거운 것처럼, 살아가는 일이나 생을 즐기는 일도 능숙함과는 아무런 관계가 없다. – 세키 간테이

“깊은 성취감을 느낀다”

• 자신의 존재 이유를 알 때 비로소 행복할 수 있습니다

행복의 반대는 ‘불행’이 아니라 ‘권태’라는 말이 있습니다.
어떤 성취감도 느끼지 못하는 인생은
죽은 삶과 다를 바 없습니다.

우리에게는 누구나 자신의 존재 이유를
증명하고자 하는 욕구가 있습니다.
나만이 할 수 있는 일, 내가 꼭 이루고 싶은 일을 할 때
비로소 우리는 자신의 존재 이유를 알게 됩니다.

중요한 선택을 할 때 돈이 아니라
마음을 따라야 하는 것은 바로 이런 이유 때문입니다.

하고 싶은 것을 해야만 성공할 수 있다. 이것이 유일한 성공비결이다.
– 말콤 포브

“나는 결단력이 있다”

• 결단력이 있어야 인생의 주인으로 살 수 있습니다

끊임없이 걱정하는 사람들의 공통점은
결정하기를 미루는 습관을 가지고 있다는 것입니다.
우울과 불안, 근심걱정 같은 부정적인 감정은
불확실성에서 오는 경우가 많습니다.
상황을 제대로 알지 못하니 통제할 수가 없고
통제하지 못하니 걱정하게 되고 불안한 것입니다.

결정하는 순간 불확실성은 줄어듭니다.
결정하면 좋은 결과든 나쁜 결과든 곧 결과를 얻게 됩니다.
그리고 그 결과에 따라 다시 다음 행동을 결정할 수 있습니다.

결단력이 있다고 해서 그의 결정이 모두 옳은 것은 아닙니다.
하지만 결단을 내리지 않으면 어떤 것도 시작되지 않습니다.
시작과 끝을 정하는 것은 그 자체로 매우 중요한 능력입니다.

"나는 결단력이 있다."

이 말을 당당하게 할 수 있을 때

우리는 비로소 인생의 주인이 될 수 있습니다.

재능 있는 사람이 무능하게 행동하는 것은 우유부단한 품성 때문이다. 망설이는 것보다는 실패가 낫다. – 버트런드 러셀

세상에는 너무 지나치면 좋지 않은 것이 세 가지 있다. 그것은 빵에 넣는 이스트, 소금 그리고 망설임이다. – 탈무드

“좋은 경험이었다”

• 실수와 실패를 기꺼이 인정하고 받아들이세요

“만약 당신이 한 번도 두렵거나 굴욕적이거나 상처 입은 적이 없다면 당신은 아무런 위험도 감수하지 않은 것이다.”

소설가 줄리아 소렐의 말입니다.
우리는 누구나 수많은 실수와 실패 그리고 시행착오를 거쳐서 비로소 성공에 이를 수 있습니다.
그 과정을 의미 없는 것이나 의미 없는 시간으로 생각하면 어떤 것도 이룰 수 없습니다.

어떤 식으로든 지금과는 다른 삶을 살고 싶다면
실수와 실패를 기꺼이 인정하고 받아들여야 합니다.
비록 성공하지 못했더라도 자신이 선택하고 행한
모든 일에 좋은 의미를 부여해주어야 합니다.

내가 한 모든 경험은 좋은 경험입니다.

그 경험이 있어야만 다음 단계로 나아갈 수 있기 때문입니다.
자신이 한 모든 일에 "좋은 경험이었어" 하고 말해주세요.
스스로 포기하지만 않는다면,
그 말은 머지않아 현실에서 그대로 이루어질 것입니다.

잘못이나 실수를 하더라도 실망하지 마라. 자신의 잘못을 아는 것만큼 훌륭한 공부는 없다. — 토머스 칼라일

결코 후회하지 말 것, 뒤돌아보지 말 것을 인생의 규칙으로 삼아라. 후회는 쓸데없는 기운 낭비이다. 후회로는 아무것도 이룰 수 없다. 단지 정체만 있을 뿐이다. — 캐서린 맨스필드

“나는 항상 배우고 성장한다”

• 자신을 단련하는 가장 좋은 방법은 공부입니다

공부하는 사람은 두려움이 없습니다.
공부하는 습관을 가진 사람은
비장의 무기를 연마하고 있는 것과 같습니다.
이 무기는 눈에 보이지 않기 때문에
결정적 순간에 더욱 강력한 힘을 발휘할 수 있습니다.

공부하는 사람은 외롭지 않습니다.
배움을 게을리하지 않는 사람은
세상이 얼마나 넓고 깊은지 알게 됩니다.
세상의 이치를 알고 관조하는 능력을 갖게 되니
쉽게 허무를 느끼거나 쓸데없는 미련으로
스스로를 괴롭히지 않습니다.

공부는 스스로를 단련하는 가장 좋은 방법입니다.

"나는 항상 배우고 성장한다."

이렇게 말하고 꾸준히 실천하세요.
인생의 어떤 위험이나 고비에도
당당히 맞설 수 있는 힘을 갖게 될 것입니다.

배움을 소홀히 하는 사람은 과거를 상실하고 미래도 없다. – 에우리피데스

유능한 사람은 언제나 배우는 사람이다. – 요한 볼프강 폰 괴테

I love myself The way I am

4장

삶에 대하여

“내 인생은 조화롭다”

• 삶의 원칙이 분명해야 인생을 조화롭게 경영할 수 있습니다

지혜로운 사람은 균형 감각이 탁월합니다.
이들은 일과 휴식, 직장생활과 가정생활, 어울림과 고독을
적절하게 배분할 줄 압니다.
또한 이들은 어떤 인간관계에서도 손해나 이득이
한쪽으로 치우치지 않도록 조율할 줄 압니다.
이러한 과정은 계산을 통해서가 아니라
자연스럽게 이루어집니다.

균형 감각이 뛰어나다는 것은
삶의 원칙을 갖고 있되 상황에 따라 유연하게
대처할 줄 안다는 뜻입니다.

삶의 기본 원칙을 정해두면 사소한 일에
쉽게 영향을 받지 않습니다.
돌발적인 사건이 생기더라도 그 원칙에 따라

여유 있게 대처할 수 있습니다.

삶의 원칙을 정해둔다는 것은
자신만이 옳다는 아집과는 다릅니다.
자신이 중요하게 여기는 가치를 따르되,
상대의 가치도 존중하는 것입니다.
서로의 가치가 충돌할 때는
모두 만족할 수 있는 접점을 찾아내는 것입니다.

"내 인생은 조화롭다."
"나는 균형 감각이 뛰어나다."

이렇게 말하고 실천해보세요.
매일 부딪히는 갈등과 고민들이
작은 티끌 하나보다도 하찮은 것으로 바뀔 수 있습니다.

인생에서 최고의 행복은 자신이 찾아낸 것을 의심하지 않고 즐길 수 있는 사람, 세상과 잘 어울려 살아갈 수 있는 사람만이 누릴 수 있다.
– 랄프 왈도 에머슨

“시작이 좋다”

• 어떤 일을 시작할 때는 행복의 선순환을 만드는 말을 사용하세요

“시작이 좋다!”

“순조롭게 진행되고 있다!”

이런 말들은 행복의 선순환을 불러옵니다.

어떤 일이든 시작이 좋으면
한결 수월하게 목표에 도달할 수 있습니다.
처음에 일이 잘 풀리면 적은 시간과 노력으로
더 큰 이득을 얻을 수 있습니다.
그 시작은 바로 긍정적인 말을 사용하는 것입니다.

어떤 일을 시작할 때는 의식적으로
긍적적인 말들을 소리 내어 말해보세요.
자신뿐만 아니라 주위 사람들에게도
좋은 기운이 전해질 것입니다.

우리의 인생을 좋은 방향으로 이끌어주는 것은
이런 긍정적인 말들입니다.

어리석은 사람은 멀리서 행복을 찾고, 현명한 사람은 자신의 발치에서 행복을 키워간다. – 제임스 오펜하임

“오늘 하루에 충실하자”

• 인생을 함부로 낭비하지 마세요

작은 성공이 쌓여 큰 성공을 이루고
큰 성공이 모여 위대한 업적을 이루듯이
충실하게 보낸 하루하루가 충실한 인생을 만듭니다.

인간은 언젠가 자신이 죽는다는 사실을 인식하는 순간
비로소 깨어 있어야 하는 이유를 깨닫게 됩니다.
매일 매일이 자신이 살아가는 존재 이유를
증명하는 날이라는 것을 알게 되기 때문입니다.

우리는 아무도 자신의 마지막 날이 언제인지 알지 못합니다.
그래서 더욱 하루하루를 충실하게 살아가야 합니다.

거창한 목표와 허황된 명분에 휘둘려 인생을 낭비하지 마세요.
인생을 낭비한 죄로 스스로를
미련과 후회라는 감옥에 가두지 마세요.

지금 이 순간을 미루지 않고,
하루하루를 낭비하지 않고 충실하게 살아가는 것이야말로
나의 존재 이유를 증명하는 위대한 일입니다.

"오늘 하루에 충실하자" 하고 말해보세요.
이 말 속에 지금 내가 존재하는 이유가 담겨 있습니다.

지금이야말로 인생이라는 훌륭한 모험을 이 지구상에서 실행할 수 있는 유일한 기회이다. 그러므로 가능한 풍성하고 행복하게 사는 계획을 세워 실행하라. – 데일 카네기

낭비한 시간에 대한 후회는 더 큰 시간 낭비이다. – 메이슨 쿨리

"모든 일에는 이유가 있다"

• 문제가 생겼을 때 있는 그대로 받아들이는 연습을 해보세요

예상치 못한 상황이 생겼을 때
사람들은 대체로 두 가지 반응을 보입니다.
"이해할 수 없어" 하며 답답해하는 사람이 있고
"이유가 있을 거야" 하며 받아들이는 사람이 있습니다.

세상은 우리가 이해할 수 없는 일투성이입니다.
내가 알지 못하는 일, 상상하지 못하는 일이
수시로 일어나는 것이 인생입니다.

"이해할 수 없어" 하고 말하는 순간
우리의 생각의 문은 닫히고 맙니다.
상상력과 이해의 폭이 좁아지게 됩니다.
고지식하고 답답한 사람이 되어버리는 것입니다.

예상치 못한 상황이 생겼다면

"모든 일에는 이유가 있다" 하고 말해보세요.
이 말을 하는 순간 미처 깨닫지 못했던
새로운 해결책들이 보이기 시작할 것입니다.
다른 사람들은 찾아내지 못하는
정보들이 눈에 들어오기 시작할 것입니다.

우리의 인생은 문제투성이고,
그 원인은 너무나 복잡하고 다양합니다.
상황을 있는 그대로 받아들이고
다만 해결방법에 집중해보세요.
오히려 원인을 찾아내기가 더 쉬워질 것입니다.

스스로 문제의 원인을 찾아내는 순간
비로소 인생에 대한 통찰력을 갖게 될 것입니다.

문제점을 찾지 말고 해결책을 찾아라. 사람은 누구나 자기가 할 수 있다고 믿는 것 이상의 것을 할 수 있다. 할 수 있다고 생각하면 할 수 있고, 할 수 없다고 생각하면 할 수 없다. – 헨리 포드

"비우고 채우자"

• 가진 것이 너무 많으면 의욕이 사라집니다

삶의 의욕은 어떨 때 생길까요?
부족한 것을 채우고 싶을 때 우리는 의욕을 갖게 됩니다.

더 잘하고 싶은 일, 더 많이 갖고 싶은 것,
더 사랑하고 싶은 관계…….
이런 것들이 우리의 열정을 일깨우고 의욕을 북돋웁니다.

그런데 이미 가득 찬 상태라면 어떨까요?
당연히 의욕이 없을 수밖에 없습니다.
이때는 일단 비워야 합니다.

달이 차면 기울고, 오르막이 있으면 내리막이 있는 것처럼
가진 것이 너무 많으면 의욕이 사라지는 것이
자연의 이치입니다.

심신이 지쳐서 아무 의욕이 없는 상태라면
먼저 비우는 연습을 해보세요.
쓸데없는 욕심, 복잡한 생각, 불필요한 관계부터
조금씩 줄여보세요.
"비우고, 채우자"라는 말이 힘이 되어줄 것입니다.

자기 영혼의 재산을 증식시킬 시간이 있는 사람은 참 휴식을 즐길 줄 아는 사람이다. — 헨리 데이비드 소로우

속도를 줄이고 인생을 즐겨라. 너무 빨리 가다 보면 주위 경관만 놓치게 되는 것이 아니다. 자신이 어디로 왜 가는지도 모르게 된다. — 에디 캔터

"세월이 주는 지혜의 힘을 믿는다"

• 나이가 들수록 인생에 더욱 당당해야 합니다

"왜 내게만 이런 일이 생기지?"
"왜 나만 이렇게 불행하지?"

이런 생각을 하는 사람은
운명의 신에게 어리광을 부리고 있는 것입니다.
나이를 아무리 많이 먹어도 이런 생각에서 벗어나지 못한다면
결코 삶의 지혜를 얻을 수 없습니다.
성숙한 인간으로 홀로 설 수 없습니다.

인생을 사는 데에도 용기가 필요합니다.
인간의 능력으로는 한치 앞의 미래도 알 수 없기 때문입니다.
단 한 사람의 예외도 없이, 누구나 반드시
크고 작은 고난과 불행을 겪을 수밖에 없기 때문입니다.

우리의 인생은 곳곳에 포진한 장애물을 뛰어 넘는

장애물 경주와 같습니다.
어느 누구도 마음대로 이 규칙을 바꿀 수는 없습니다.
트랙에 들어선 이상 매 순간 최선을 다해
장애물을 넘는 방법밖에 없습니다.

이러한 이치를 당연하게 받아들일 때,
주춤거리거나 피해서 돌아가지 않고 당당하게 맞설 때,
비로소 우리는 세월이 주는 지혜의 힘을 갖게 됩니다.

정직하고 용기 있게 인생을 살면 경험을 통해 성장할 수 있다. 바로 이것이 인격을 쌓는 방법이다. – 엘리너 루즈벨트

"삶의 흐름에 나를 맡긴다"

• 변화에 유쾌하게 대처하는 법을 배우세요

"삶의 흐름에 나를 맡긴다."

이 말은 인생을 수동적으로 산다는 뜻이 아닙니다.
어떤 일이 닥치든 기꺼이 받아들이고 대처하겠다는
굳은 의지와 자신감의 표현입니다.

일상의 관성에 따라 살아온 사람은
변화를 두려워하고 새로운 것을 거부합니다.
스스로 정체되어 있는 삶을 선택하는 것입니다.

이들은 처음에는 아무 것도 잃은 것이 없는 것처럼 보입니다.
오히려 자신을 잘 지키고 있는 것처럼 보이기도 합니다.
하지만 자꾸만 변화를 거부하다 보면
자신도 모르는 사이에 자기 자신을 잃게 됩니다.
변화가 없다면 성장도 없기 때문입니다.

변해야 한다는 강박이 아니라
삶의 흐름에 나를 맡긴다는 생각이 중요합니다.
우리의 삶은 유쾌하고 즐거운 여정입니다.
그저 믿고 자연스럽게 따라가다 보면
웃고, 울고, 즐기고, 땀 흘리며
비로소 자신을 완성해갈 수 있습니다.
그것이 곧 우리의 인생입니다.

"삶의 흐름에 나를 맡긴다."

이 말은 자신을 더욱 성장시키고 가능성을 확장할 수 있는
좋은 다짐이 되어줄 것입니다.

너무 소심하고 까다롭게 자신의 행동을 고민하지 마라. 모든 인생은 실험이다. 더 많이 실험할수록 더 나아진다. – 랄프 왈도 에머슨

“때가 되면 이루어진다”

• 인생의 전성기는 사람마다 모두 다릅니다

‘나는 왜 아직 이것밖에 안 되나?’
‘남들에 비해 너무 늦은 것은 아닌가?’

이런 생각 때문에 초조하고 불안한가요?
하지만 진짜 불행한 사람은 20대에 큰 성공을 이룬 사람,
젊은 시절에 전성기를 맞이한 사람이라고 합니다.
이 사람에게 남은 인생은 항상 부족하고
기대에 못 미칠 수밖에 없기 때문입니다.

인생의 전성기는 사람마다 모두 다릅니다.
젊은 시절 스쳐지나가듯 전성기를 맞이한 사람보다
충분히 누릴 수 있는 인생 후반기 전성기를 맞이한 사람이
더 행복할 수 있습니다.

남보다 더 빨리 시작하지 못했다 하더라도

남보다 더 빨리 이루지 못했다 하더라도 용기를 잃지 마세요.
정말 끝날 때까지는 끝이 아닙니다.

"때가 되면 이루어진다" 하고 말해보세요.
그때를 위해 충분히 준비하고,
그 과정 속에서 즐거움을 만끽하세요.
당신 인생의 클라이맥스는 이제 곧 시작될 것입니다.

우리의 삶은 한 편의 드라마처럼 변화무쌍하다. 따라서 그 과정에 지나치게 신경을 쓰기보다 좋은 결과에만 마음을 두는 것이 현명하다. – 발타자르 그라시안

“의미 없는 시간은 없다”

• 결과보다 과정이 더 중요합니다

지금 당장 기대한 결과를 얻지 못하면
시간을 낭비하는 것이라고 생각하는 사람이 많습니다.
그런데 이런 생각을 하는 순간,
자신이 하고 있는 일에 대한 의욕을 잃게 됩니다.
의미가 없다는 생각이 잘하고자 하는 열정과 즐거움을
빼앗아가기 때문입니다.
그 결과 자신의 생각대로 소중한 시간을 낭비하게 됩니다.

우리는 누구나 의미 있는 일을 하고 싶어 합니다.
의미 있는 존재가 되고 싶어 합니다.
하지만 결과에 대한 열망이 너무나 강한 나머지
과정의 중요성은 쉽게 무시해버립니다.
아이러니하게도 바로 이런 태도 때문에
지금 하고 있는 일에서 어떤 결과도 얻지 못하게 됩니다.

지금 이 순간이 정체된 것처럼 느껴지고
자꾸만 조급한 마음이 생긴다면
"의미 없는 시간은 없다" 하고 말해보세요.
이 말이 더 빨리, 더 앞서나려는 조급한 마음에
브레이크를 걸어줄 것입니다.

과정을 중요하게 생각하고 묵묵히 해내가는 사람,
그 속에서 의미를 찾아내는 사람이야말로
진짜 의미 있는 결과를 만들어낼 수 있습니다.

인내할 수 있는 사람은 그가 바라는 것을 무엇이든지 손에 넣을 수 있다.
– 벤자민 프랭클린

당신이 하는 거의 모든 일이 사소하다. 하지만 당신이 그것을 한다는 것은 매우 중요하다. – 마하트마 간디

“쉬어야 할 때를 알고 있다”

• 멈추어야 비로소 지나온 길을 돌아볼 수 있습니다

누구에게나 자신만의 삶의 속도가 있습니다.
자신의 속도를 넘어서서 달리면 이내 지치게 됩니다.

다른 사람들의 속도에 맞추느라
어느 방향으로 가고 있는지, 제대로 가고 있는지
알지 못한 채 무작정 가다 보면 목적지에 도착하기도 전에
고장이 날 수 있습니다.

몸과 마음이 지쳐 있고, 잘하고 있는지 의심이 든다면
지금이 바로 멈춰서 쉬어가야 할 순간입니다.

멈추는 것을 두려워하지 마세요.
멈춰야 비로소 지나온 길을 돌아볼 수 있습니다.
제대로 가고 있는지 방향을 확인할 수 있습니다.

그래도 여전히 앞서나가고 싶은 조급한 마음이 든다면
“나는 쉬어야 할 때를 알고 있다” 하고 말해보세요.
휴식이 필요한 순간 이 말이 큰 도움이 될 것입니다.

휴식이 끝난 후 자신도 모르게 일이 잘 진행되는 경우가 있다. 수많은 문제점들이 해결되고 사고는 풍부해지며 화술은 세련되어진다. 잠시 휴식을 취한 뒤에는 마치 밭을 갈지 않고 뿌린 씨앗이 성장하여 힘 안 들이고 곡식을 수확하는 것처럼 일이 쉽게 진척되는 경우가 많다. – 칼 힐티

“이만하면 괜찮다”

• 만족중독에서 벗어나 마음의 여유를 가져보세요

더 높은 목표, 더 좋은 결과를 위해
끊임없이 자신을 책망하고 닦달하고 있지 않나요?
다른 사람을 만족시키기 위해 안간힘을 쓰고 있지 않나요?
그렇다면 혹시 자신이 만족중독에
빠진 것은 아닌지 생각해보세요.

만족중독에 빠진 사람은 허상을 좇는 공상가와 같습니다.
자신의 눈앞에 있는 행복을 보지 못하고,
어딘가에 있을지도 모르는 파랑새만 좇는 사람입니다.

행복은 의무가 아니라 권리입니다.
행복은 목표가 아니라 과정입니다.
행복은 미래가 아니라 현재입니다.

만족할 줄 아는 것이야말로

행복한 사람들의 가장 큰 능력이자 특권입니다.
지금 당장 "이만하면 괜찮아" 하고 말해보세요.
이 말을 하는 순간, 눈앞에 있는 행복이 보일 것입니다.

만족은 결과가 아니라 과정에서 온다. — 제임스 딘

여정은 목적지로 향하는 과정이지만 그 자체로 보상이다. — 스티브 잡스

I love myself The way I am

5장

인간관계에 대하여

“영감을 주는 사람이 되자”

• 스스로의 벽을 허물고 온 세계와 소통하는 사람이 되세요

항상 주위에 많은 사람이 모이는 사람과
그렇지 않은 사람의 차이는 무엇일까요?

인기 없는 사람들의 특징은
매번 같은 이야기만 되풀이한다는 것입니다.
이들은 자신의 관심사와 고민에 대해서만 늘어놓습니다.
자신 이외의 사람이나 다른 세계에 대해서는
관심도 없고 무지합니다.
이들과의 대화는 지루하고 따분해서 인내심을 요구합니다.

반면 인기 있는 사람들은
만날 때마다 끊임없이 새로운 자극을 줍니다.
이들과 대화를 나누면 유쾌하고 즐거울 뿐만 아니라
생각하지 못한 영감까지 얻게 됩니다.
그래서 누구나 이들을 좋아하고 친해지고 싶어 합니다.

우리는 인생의 대부분을 자신이라는 세계 안에서만 보냅니다.
자신의 생각과 방식대로 일하고 생활합니다.
그 세계는 너무나 익숙해서 새로움을 느낄 수 없습니다.
그렇게 점점 따분하고 지루한 사람이 되어갑니다.

영감을 주는 사람이 되기 위해서는
자신의 세계를 끊임없이 확장해나가야 합니다.
익숙함의 벽을 깨고 새로운 생각들이 자유롭게 흐르게 해야 합니다.
다양한 사람들과 소통하고, 더 나아가 온 우주와도
소통할 수 있는 사람이 되어야 합니다.

"영감을 주는 사람이 되자"라는 말은
자신의 세계를 확장해나겠다는 의지의 표현이자
더 많은 사람과 소통하고 싶다는 다짐이기도 합니다.

늘 행복하고 지혜로운 사람이 되려면 자주 변해야 한다. – 공자

"고맙습니다, 감사합니다"

• 사소한 것에서 고마움을 찾아내는 사람은 불행할 틈이 없습니다

"좋은 징조다!"라는 말이 행운을 불러온다면
"고맙습니다, 감사합니다"라는 말은 기적을 일으킵니다.

세상에는 사소한 일에도 고마움을 느끼고 표현하는 사람이 있는 반면
상대의 배려나 호의를 잘 알아채지 못하는 사람도 있습니다.
전자에게 세상은 따뜻하고 즐거운 곳이고
후자에게 세상은 각박하고 따분한 곳입니다.

사소한 것에서 고마움을 찾아내는 능력이야말로
인생을 풍요롭고 행복하게 만들어주는 중요한 능력입니다.

모든 것에 감사하는 마음을 가진 사람은
한순간도 불행할 틈이 없습니다.
매사가 고마운 일로 가득하니
이들에게는 삶 자체가 기쁨이고 즐거움의 원천입니다.

이제부터 다른 사람이 아니라, 나 자신을 위해서
"고맙습니다, 감사합니다" 하고 말하세요.
누군가에게 고마움과 감사의 마음을 전할 때
상대보다 나 자신에게 더 큰 기쁨이 찾아옵니다.

그 한마디에서 삶의 기적이 시작될 것입니다.

행복이 우리를 감사하게 만드는 것이 아니라 감사하는 마음이 우리를 행복하게 만든다. 삶 속에서 이것을 깨달아야 한다. – 앨버트 클라크

“오늘 만나는 사람이 행운을 줄 것이다”

• 모든 인연을 소중히 여기는 마음이 행운을 만듭니다

인생에서 결정적인 기회는 대부분 사람을 통해서 찾아옵니다.
그는 가까운 가족이나 친한 친구일 수도 있지만
우연히 알게 된 사람이나 한두 번 인사만 나눈 사람처럼
예상치 못한 인물일 수도 있습니다.
누가 내게 행운을 가져다줄지 알 수 없습니다.

“오늘 만나는 사람이 행운을 가져다줄 것이다.”

매일 아침 설렘과 바람을 담아 이렇게 말해보세요.
누구를 만나든 이런 마음을 갖고 있으면
그에게 고맙고 감사한 마음이 생겨납니다.
감사하는 마음은 상대에게도 전달되고,
그와 만나는 시간이 즐겁고 유쾌해집니다.
이런 태도가 좋은 평판으로 이어지고, 행운을 불러옵니다.

모든 인연을 소중하게 생각하는 소박한 마음가짐에서
행운은 시작됩니다.

인간은 인연으로 엮어 만든 하나의 매듭, 망, 그물이다. 정말 중요한 것은 이런 인연들뿐이다. — 앙투안 드 생텍쥐페리

“혼자서 성공하는 사람은 없다”

• 상대의 호의를 이끌어내려면 겸손한 태도를 가져야 합니다

단 한 차례 성공한 사람과
꾸준히 성공을 이어가는 사람의 차이는 무엇일까요?

특별히 운이 좋거나 혹은 대단한 능력을 갖고 있다면
혼자만의 힘으로도 성공을 이룰 수 있습니다.
하지만 혼자서는 결코 성공을 오래 유지할 수 없습니다.

혼자서 살 수 있는 사람이 없듯이
혼자서 성공할 수 있는 사람도 없습니다.
우리 모두는 가족의 사랑, 친구와 이웃의 도움,
함께 일하는 동료들의 열정과 노력에 힘입어
인간답게 살아갑니다.

상대가 나를 위해 기꺼이 일하게 만드는 원동력은
겸손한 마음입니다.

자신만 잘났다고 생각하는 사람을 위해서
기꺼이 호의를 베풀고 도움을 주고자 하는 사람은 없습니다.
상대의 호의를 이끌어내고 싶다면
"혼자서 성공하는 사람은 없다"라는 말을
항상 마음에 새기고 있어야 합니다.
스스로 이런 말을 자주 해야 합니다.

그리고 꾸준히 계속 성공하는 삶을 살고 싶다면
"○○ 덕분에 잘살고 있다."
"○○ 덕분에 이만큼 이룰 수 있었다."
이런 말들을 자주 사용해야 합니다.

겸손해져라. 그것은 다른 사람에게 가장 불쾌감을 주지 않는 종류의 자신감이다. – 쥘 르나르

다른 사람의 이익에 신경을 써라. 분배되지 않는 이익은 결코 오래가지 않는 법이다. – 볼테르

“당신의 이런 점이 참 좋다”

• 내가 한 칭찬이 내게 되돌아옵니다

상대를 칭찬하면 오히려 내 기분이 더 좋아집니다.
이것이야말로 칭찬이 주는 가장 큰 선물입니다.

칭찬을 많이 하는 사람들은
자기 자신에게도 너그러운 경우가 많습니다.
이들은 사람의 단점보다 장점을 잘 발견하는 사람들입니다.

상대에게 칭찬받은 사람은 자신이 칭찬받은
바로 그 능력을 상대에게 베풀어줍니다.
잘 웃는다고 칭찬받은 사람은
웃는 모습을 더 많이 보여주려고 합니다.
아이디어가 좋다고 칭찬받은 사람은
더 많은 아이디어를 내놓으려고 합니다.

“당신의 이런 점이 참 좋다.”

이 한 마디가 상대의 능력을 최대치로
끌어올려줄 것입니다.

다른 사람의 좋은 점을 발견할 줄 알아야 한다. 그리고 상대를 칭찬할 줄도 알아야 한다. 그것은 상대를 자신과 동등한 인격으로 생각한다는 의미이다.
– 요한 볼프강 폰 괴테

"나를 이해해주는 사람이 있다"

• 소중한 인연은 적극적으로 만들어가야 합니다

나를 이해해주는 사람을 만나면
그냥 함께 있는 것만으로도
마음이 편안해지고 위안을 받게 됩니다.

우리는 자신과 가치관이 비슷한 사람,
설명이나 설득 없이도 공감할 수 있는
사람에게서 큰 힘을 얻습니다.

이런 사람을 만나면 지나치지 말고
소중한 인연을 맺어야 합니다.

누구에게나 자신을 이해해주는 사람이 필요합니다.
"나를 이해해주는 사람이 있다" 하고 말하세요.
그리고 그런 사람을 찾아서 소중하게 대하세요.
인연은 스스로 찾아오기도 하지만,

적극적으로 만들어가야 할 때도 있습니다.

나와 비슷한 사람이 존재한다는 사실만으로도
우리는 살아갈 기운을 낼 수 있습니다.

그 어떤 것에서라도 내적인 도움과 위안을 찾을 수 있다면 그것을 잡아라.
— 마하트마 간디

“상대를 바꾸려고 하지 않는다”

• 상대를 있는 그대로 인정하고 받아들이세요

상대가 나의 타고난 본성과 개성을 인정하지 않을 때
우리는 거부감을 느끼게 됩니다.
나아가 상대가 나의 본성을 바꾸려고 할 때
우리는 거부감을 넘어 강한 분노를 느끼게 됩니다.
자신을 지키고자 하는 영혼의 방어본능 때문입니다.

우리는 모두 하나의 세계이고, 우주입니다.
그 세계에서는 나만이 유일한 기준이고 유일한 답입니다.
다른 사람의 세계를 나의 기준으로 재단하고 판단하는 것은
가장 위험하고도 어리석은 일입니다.

자꾸만 상대를 나의 기준에 맞추고 싶은 마음이 든다면
“상대를 바꾸려고 하지 않는다” 하고 말하세요.

상대를 있는 그대로 받아들이는 것은

나를 있는 그대로 받아들여달라는 의미이기도 합니다.
우리 모두는 결코 무시할 수 없고
무시당해서는 안 되는 존재입니다.

이상적인 친구관계에 대해 이야기할 때, 사람들은 거의 언제나 '포용'과 '평가 유보'를 언급한다. 우리가 다른 사람들을 우리 기준으로 평가하고 분석하려 하지 않을 때, 우리는 그들과 가까워질 수 있다. – 앤드류 매튜스

다른 사람들을 평가한다면 그들을 사랑할 시간이 없다. – 마더 테레사

"함부로 비난하지 말자"

• 내가 한 비난은 반드시 내게 되돌아옵니다

우리는 종종 상대를 비난하고 싶은 욕구에 사로잡힙니다.
자신이 더 돋보이고 싶은 허영심 때문입니다.
상대를 비난하는 동안은
내가 상대보다 낫다는 착각에 사로잡히게 됩니다.
하지만 이는 가장 어리석은 착각이며
그 비난은 고스란히 자신에게로 돌아오게 됩니다.

이것은 내가 칭찬한 사람이
내게 칭찬을 되돌려주는 것과 같은 이치입니다.

비난받은 상대는 자신을 비난한 상대를 관찰합니다.
그리고 상대의 작은 실수조차 놓치지 않고
몇 배의 비난을 되돌려줍니다.

다른 사람을 비난하고 싶은 마음이 든다면,

얼른 마음을 다잡고 이렇게 말해보세요.
"함부로 비난하지 말자."

이 말이 섣부른 실수를 막는 데 도움이 될 것입니다.

성실함의 잣대로 스스로를 평가하라. 그리고 관대함의 잣대로 상대를 평가하라. – 존 미첼 메이슨

다른 이의 가슴에 상처를 입히지 마라. 그대의 상한 감정의 독기는 결국 자신에게로 돌아오게 되리라. – 인디언 명언

"서로 다를 뿐 아무도 틀리지 않다"

• 나만 옳다는 고집이 모든 갈등의 원인입니다

인간관계에서 대부분의 갈등은
나는 옳고 상대는 틀렸다는 생각에서 비롯됩니다.
하지만 옳고 그름은 각자가 처한 상황과 현실에 따라 달라집니다.
오늘 옳다고 판단한 일이 내일은 틀린 것이 될 수도 있습니다.

많은 사람들이 '다르다'와 '틀리다'라는 말을 혼동합니다.
"그 사람은 나와 틀리다."
"그의 생각은 나와 틀리다."
이런 사소한 표현 하나가 자신만 옳다는 고집스런 마음을
더욱 강하게 만들 수 있습니다.

애써 갈등을 만들고 싶지 않다면
"서로 다를 뿐 아무도 틀리지 않다" 하고 말하세요.
서로 다름을 인정하고 받아들이세요.

우리는 아무도 틀리지 않습니다.
서로 다르기 때문에 다양한 가치와 즐거움이
공존할 수 있는 것입니다.

비록 어떤 이가 보잘것없고 우스운 사람이라 할지라도 존중해야 한다. 모든 사람의 가슴에는 내 속에 살고 있는 영혼과 똑같은 영혼이 살아 숨 쉬기 때문이다. – 아르투르 쇼펜하우어

“받기보다 주는 사람이 되자”

• ‘내가 약간만 손해보자’ 하고 생각해보세요

누구나 이득을 얻는 것에는 관심이 많지만
손해보는 것은 끔찍이 싫어합니다.
그래서 서로 자신의 이득에만 집착하다 보면
좋은 관계도 이내 깨지게 됩니다.

‘내가 약간만 손해보자’라고 생각하는 것,
작은 손해를 먼저 감수하는 것이야말로
좋은 관계를 유지하는 가장 현실적인 지혜입니다.

받고자 하는 사람은 불만을 더 자주 느낍니다.
주고자 하는 사람은 만족을 더 자주 느낍니다.
행복이라는 감정의 결과만 놓고 본다면
받고자 하는 사람은 손해이고, 주고자 하는 사람은 이득입니다.

자꾸만 사소한 이득에 집착하려는 마음이 생겨난다면

이 말을 되뇌어보세요.

"받기보다 주는 사람이 되자!"

"내가 약간만 손해보자!"

우리는 베풂을 통해 부자가 되고, 몰인정과 지킴을 통해 가난해진다.

– 헬렌 켈러

인간이 이 세상에 존재하는 것은 부자가 되기 위함이 아니라 행복하게 살기 위해서이다. – 스탕달

"조건 없이 도와주자"

• 상대방이 원하는 것을 주는 것이 진정한 도움입니다

"조건 없이 도와주자!"

누군가를 도와주고 싶다면
그 전에 마음속으로 이 말을 되새겨보세요.
섣부른 도움은 오히려 관계를 망칠 수 있기 때문입니다.

내가 어떤 조건이나 결과를 마음속에 둔 채 도움을 주면
상대방은 이내 그것을 알아차립니다.
이때 상대는 감사의 마음보다 불편한 마음을 갖게 됩니다.
그 결과 오히려 나를 피하거나 관계가 멀어지게 됩니다.

가장 나쁜 것은 내가 상대보다 낫다는 허영심을
채우기 위해 상대를 도와주는 것입니다.
이런 잘못된 친절은 상대의 자존심에 치명적인 상처를 입힙니다.
누군가에게 도움을 주고 싶다면

내가 원하는 것이 아니라 상대가 원하는 것을 주어야 합니다.
그리고 조건 없이 주어야 합니다.
이는 모든 인간관계에서 반드시 명심해야 할 점입니다.

허영심이 강한 사람은 자신이 사람들에게 혐오감을 준다는 사실을 모른 채 혼자만 흐뭇해한다. – 베네딕트 데 스피노자

"말을 아끼자"

• 말에 관성이 생기면 후회할 일이 늘어납니다

말을 너무 많이 하다 보면 어느 순간
내가 아니라 말이 말을 하는 상황이 되어버립니다.
말에 관성이 생기는 것입니다.

이는 칭찬이든 비난이든 마찬가지입니다.
아무리 좋은 말도 너무 많이, 너무 길게 하다 보면
반드시 쓸데없는 군말이 붙게 됩니다.
그 말이 화근이 되어 예상치 못한 상황이 벌어지기도 합니다.
칭찬을 백 마디 했어도 사소한 말실수 하나에
상대의 마음이 상하고 관계가 틀어지기도 합니다.

"한 마디만 덜 하자."
"말을 아끼자."

편하고 가까운 사람들과 대화할 때에도

항상 이 말을 마음속에 새겨두세요.
말로 인해 후회할 일이 한결 줄어들 것입니다.

좋은 말은 언제나 단순하고, 만인에게 이해되며, 합리적이다.
— 레프 니콜라예비치 톨스토이

"좋은 파트너가 있다"

• 좋은 시너지가 생기는 사람을 곁에 두세요

"멀리 가려면 함께 가라"라는 말이 있습니다.
우리가 인생이라는 여정을 무사히 마치기 위해서는
좋은 파트너가 필요합니다.

흔히 배우자를 찾을 때 인생의 반쪽을 찾는다고 말합니다.
인생에서 완벽한 하나는 없습니다.
반쪽과 반쪽이 만나 시너지가 만들어질 때
완벽한 하나가 됩니다.

파트너는 배우자가 될 수도 있고,
친구가 될 수도 있고, 동료가 될 수도 있습니다.
범위를 넓힐수록 좋은 파트너를 만날 확률이 더욱 커집니다.

인생에서는 넓고 다양한 교제도 필요하지만
깊고 특별한 관계도 필요합니다.

"좋은 파트너가 있다" 하고 말해보세요.

그리고 내가 먼저 좋은 파트너가 되기 위해 노력하세요.

무수한 사람들 가운데 나와 뜻을 같이 할 사람이 한둘은 있을 것이다. 그것으로 충분하다. 바깥 대기를 호흡하는 데 들창문은 하나만으로 족하다.

– 로맹 롤랑

"모든 사람을 만족시킬 수는 없다"

• 자신의 취향과 개성을 자랑스럽게 밝히세요

죽어도 싫은 소리를 못하는 사람,
사소한 반대의견에도 지나치게 괴로워하는 사람,
갈등과 대립은 무조건 피하고 보는 사람.
이들은 모두 '좋은 사람 콤플렉스'에 빠진 사람들입니다.

모든 사람을 만족시키려는 사람은
단 한 사람도 제대로 만족시키지 못합니다.
그래서 모두에게 사랑받으려는 사람은
아무에게도 사랑받지 못하는 아이러니한 상황에 빠지게 됩니다.
가장 불행한 것은, 이들은 스스로에게도
사랑받지 못한다는 사실입니다.

우리는 결코 모두를 만족시킬 수 없습니다.
하지만 자기 자신은 만족시킬 수 있습니다.
내 취향과 개성을 자랑스러워하고 당당하게 밝히면,

나와 비슷한 생각을 가진 사람이 나를 지지해줄 수 있습니다.
하지만 내 취향과 개성을 부끄러워하고 숨기면
아무도 나를 지지해줄 수 없습니다.

자신을 드러내기가 두렵고 망설여진다면
"모든 사람을 만족시킬 수는 없다" 하고 말하세요.
그리고 스스로에게 당당해지세요.
곧 자신을 지지하는 사람들이 나타날 것입니다.

나는 내가 좋아하지 않는 모든 것은 당연히 내가 좋아할 만한 것의 반대일 것이라고 생각하며 삶을 만들어갔다. – 코코 샤넬

“내게 필요한 말을 가려서 듣는다”

• 필요한 말은 가려 듣고, 필요 없는 말은 흘려버리세요

아무리 좋은 말이라도
다른 사람들의 의견을 모두 받아들일 필요는 없습니다.
내게 필요한 말만 가려서 들으면 됩니다.
내게 필요 없는 말들은 애써 무시하거나 거부하지 말고
그냥 흘려버리면 됩니다.

그런데 우리는 대개 이와 반대로 행동합니다.
자신에게 도움이 되는 말은 쉽게 흘려듣고,
쓸데없는 참견들에는 귀를 곤두세우곤 합니다.
자신의 결정에 확신이 없기 때문입니다.

다른 사람들의 의견 때문에 혼란스럽다면
의식적으로 “내게 필요한 말을 가려서 듣는다” 하고 말해보세요.
이런 연습을 하다 보면, 어느 순간
자신에게 필요한 말을 더 선명하게 들을 수 있게 됩니다.

"내게 필요한 말을 가려서 듣는다."

이렇게 말하는 것부터 시작해보세요.
세상의 수많은 의견들 중에서 내게 필요한 말에
더욱 집중하는 능력을 갖게 될 것입니다.

나는 중요한 일을 이루려고 노력할 때 사람들의 말에 너무 신경 쓰지 않는 것이 바람직하다는 사실을 깨달았다. 예외 없이 그들은 안 된다고 공언한다. 하지만 바로 이때가 노력할 절호의 시기이다. – 캘빈 쿨리지

“내키지 않으면 안 만나도 괜찮다”

• ‘나다움’을 손상시키는 사람은 만나지 마세요

누구에게나 이유 없이 싫은 사람이 있게 마련입니다.
우리는 흔히 이들을 ‘코드가 안 맞는 사람’이라고 부릅니다.
이런 사람들은 가급적 만나지 않는 것이 좋습니다.

우리의 직관은 생각보다 많은 정보를 알려줍니다.
특별한 이유도 없이 싫은 사람은
‘나다움’을 손상시키는 사람일 확률이 높습니다.
생각과 가치관이 서로 너무 달라서
그들과 함께 있으면 나를 자유롭고 솔직하게
표현할 수가 없게 됩니다.

‘나다움’을 손상시키는 사람들과 함께 있으면
나의 에너지는 위축되고 생기를 잃게 됩니다.
‘나다움’을 잃는 순간 진정한 행복과도 멀어지게 됩니다.

이럴 때는 "내키지 않으면 안 만나도 괜찮아" 하고 말하세요.
그리고 그들과 일정한 거리를 유지하세요.
싫은 사람을 억지로 만나는 것보다는 '나다움' 지키는 것이
행복한 인생을 사는 현명한 방법입니다.

대부분의 사람들은 내 편도 아니고 내 적도 아니다. 또한 내가 무슨 일을 하거나 나를 좋아하지 않는 사람들은 있게 마련이다. 모두가 나를 좋아하기를 바라는 것은 지나친 기대이다. – 리즈 카펜터

"누구에게나 배울 점이 있다"

• 타인의 장점을 내 것으로 만들 줄 아는 사람은 점점 더 강해집니다

사회적으로 성공한 사람들에게는 공통점이 있습니다.
이들은 다른 사람의 장점을 흡수해서
자기 것으로 만드는 데 탁월한 능력을 갖고 있습니다.
이러한 능력을 가진 사람은 처음에는 조금 부족해도
시간이 지날수록 점점 더 강해져서 결국 정상에 오릅니다.

재능과 능력에도 유효기간이 있습니다.
아무리 뛰어난 재능을 타고났다 하더라도 갈고닦지 않으면
점점 녹슬어 무용지물이 되고 맙니다.
상당한 능력을 갖추고 있다 하더라도 새롭게 정비하지 않으면
결국 도태되어 비범함을 잃게 됩니다.
그러므로 타고난 재능과 능력의 한계를 알고
다른 사람의 장점을 흡수해 스스로를
업그레이드해가는 것이야말로 점점 강해지는 비법입니다.

다른 사람의 장점을 흡수하는 사람은 점점 더 강해지고
자기 것만 최고라고 고집하는 사람은 점점 더 약해집니다.

“누구에게나 배울 점이 있다.”

지금보다 더 발전하고 싶다면,
점점 더 강해지고 싶다면
이 말을 가슴 깊이 새겨야 합니다.

다른 사람의 좋은 습관을 내 습관으로 만들어라. – 빌 게이츠

“가까운 사람들에게 잘하자”

• 인간관계에서 후회와 미련을 남기지 마세요

너무 가까이 있는 것들은 잘 보이지 않습니다.
한 걸음 물러나서 보면 객관적으로 보이는 것들도
너무 깊숙이 들여다보면 굴절되고 왜곡되어 보입니다.

인간관계도 마찬가지입니다.
늘 함께 있는 사람의 고마움은 쉽게 잊어버립니다.
가까운 관계일수록 더 많이 받기를 바라고
작은 일에도 쉽게 서운해합니다.

너무 늦게 이 사실을 깨닫게 되면
후회와 미련으로 자기 자신이 큰 고통 받게 됩니다.

“가까운 사람들에게 잘하자.”

너무 늦기 전에 이렇게 다짐하세요.

그리고 말과 행동으로 표현하세요.
가까운 사이일수록 더 자주, 더 많이
고마움을 표현해야 후회하지 않습니다.

행복한 삶의 비밀은 올바른 관계를 형성하고 그것에 올바른 가치를 매기는 것이다. – 노먼 토머스

I love myself The way I am

6장

감정에 대하여

"나는 내 기분을 선택할 수 있다"

• 기분 도둑들에게 좋은 기분을 빼앗기지 마세요

우리 주위에는 다른 사람의 기분을 좀먹는 사람들이 많습니다.
자신의 기분이 나쁘다고 상대에게 화풀이를 하는 사람,
불안과 두려움을 주위 사람들에게 전파하는 사람,
부정적인 말로 다른 사람들의 의욕을 꺾는 사람.
이들은 다른 사람들의 좋은 기분을 좀먹는 기분 도둑들입니다.

이들과 함께 있을 때 우리는 쉽게 자신의 기분을 빼앗깁니다.
큰소리를 치며 화를 내는 사람 앞에서는 괜히 주눅이 들고,
불안해하는 사람과 함께 있으면 덩달아 불안해지고,
냉소적인 비아냥거림을 듣고 나면 이내 의기소침해집니다.
하지만 우리는 자신의 기분을 선택할 수 있습니다.
그리고 그 기분을 온전히 지켜낼 수 있습니다.

"오늘 하루는 즐겁고 감사한 마음으로 지낼 것이다."
"침착하고 안정된 상태로 일에 집중할 것이다."

"여유 있고 편안하게 휴식을 취할 것이다."

하루 일과를 시작하기 전에 이렇게 말해보세요.
짜증나고 우울한 일이 생기더라도
자신이 선택한 기분을 떠올리고 되풀이해서 말해보세요.
기분 도둑들이 쉽게 접근하지 못할 것입니다.

기분 도둑들이 가장 쉽게 공략하는 사람은
침울한 사람, 주눅든 사람, 의기소침한 사람들입니다.
이들은 모두 자신에 대한 믿음이 없는 사람들입니다.
이들은 자신의 기분을 하찮게 생각하기 때문에
기분 도둑들에게 쉽게 무시당합니다.

기분 도둑들에게 자꾸만 휩쓸리려고 한다면 이렇게 말하세요.
"나는 내 기분을 선택할 수 있다!"
자신의 기분은 스스로 지켜야 합니다.

명랑해지는 첫 번째 비결은 명랑한 척 행동하는 것이다. – 윌리엄 제임스

행복하기 때문에 웃는 것이 아니라, 웃기 때문에 행복한 것이다. – 윌리엄 제임스

"나는 감정을 자유롭게 표현한다"

• 감정이 자유롭게 흐를 수 있도록 해주세요

우리의 감정은 자유롭게 흐르는 본성을 갖고 있습니다.

우리의 마음속에 방이 하나 있다고 상상해보세요.
그 방에는 기쁨, 행복, 분노, 슬픔, 불안 등의
다양한 감정들이 수시로 들어왔다가 빠져나가곤 합니다.
다행히 방에는 양쪽으로 문이 나 있어서
자유롭게 들고 날 수가 있습니다.

그런데 어느 날 한쪽 문을 막아버리면 어떻게 될까요?
들어오는 감정은 많은데 빠져나가지 못하면
서로 다른 감정들이 뒤죽박죽 뒤섞여버릴 것입니다.
결국 자신이 어떤 감정과 기분인지
스스로도 알지 못하는 상태가 되어버릴 것입니다.
감정을 잘 표현하는 것이 중요한 이유가 바로 이것입니다.

오랫동안 감정을 억압하고 가두면
곧 임계점에 도달하고, 결국 한꺼번에 폭발하게 됩니다.
이러한 감정폭발을 막기 위해서라도
자연스럽게 감정을 드러내고 표현하는 습관을 가져야 합니다.

"나는 감정을 잘 표현한다."
"나는 감정을 솔직하게 드러낸다."

스스로에게 이렇게 선언해보세요.
마음속 깊은 곳에 갇혀 있던 감정들이
자유롭게 흐르게 될 것입니다.

잘 웃는 것을 연습하라. 세상에는 정답을 말하거나 답변하기 난처한 일이 많다. 그때는 허허 웃어보라. 뜻밖에 문제가 풀리는 것을 보게 될 것이다.
– 인디언 명언

"더 본능적으로 살자"

• 계산하지 않고 선택한 것이 정답일 수 있습니다

"첫눈에 반했다!"

"느낌이 왔다!"

사람들은 이런 말을 얼마나 신뢰할까요?
누군가 확신에 찬 어조로 이렇게 말하면
사람들은 일단 의심의 눈초리를 보냅니다.
성급하고 충동적인 사람이라고 비난하기도 합니다.
증거가 없으니 믿을 수 없다는 것이지요.

그럼 사람들이 원하는 증거란 어떤 것일까요?
전문가들이 계산해놓은 성공 확률이나 경제적 가치를 보면
사람들은 그제야 안심하고 결정합니다.
이들은 자기 자신보다 누군가 만들어놓은
숫자와 조건을 더 신뢰하기 때문입니다.

그럼 자신의 느낌과 본능에 따라 결정하는 사람들은
과연 아무런 증거도 없이 충동적으로 결정한 것일까요?
현실에서는 정반대인 경우가 더 많습니다.
오히려 이들의 결정이야말로 정답일 확률이 높습니다.

본능에 민감한 사람들은 오랫동안 자신이 무엇을 좋아하고
어떤 것을 원하는지 생각해온 사람들입니다.
비록 논리적으로 설명할 수 없더라도
이들은 자신만의 기준과 안목을 갖고 있습니다.
그동안의 생각과 경험을 축적해온 사람만이
"첫눈에 반했어!", "느낌이 왔어!"라고 말할 수 있기 때문입니다.

그동안 너무 계산적으로만 살아오지는 않았나요?
"더 본능적으로 살자!" 하고 말해보세요.
때로는 계산하지 않고 선택한 것이 정답일 수 있습니다.

당신의 가슴과 직관이야말로 당신이 진정으로 원하는 것을 알고 있다. 직관을 따르는 용기를 가져라. 나머지는 다 부차적인 것이다. — 스티브 잡스

"거절해야 할 때 거절할 줄 안다"

• '좋은 사람 콤플렉스'에서 벗어나 인생의 주인으로 사세요

거절을 잘하는 사람은 쓸데없는 고민을 떠안지 않습니다.

많은 사람들이 '좋은 사람 콤플렉스' 때문에 괴로워합니다.
'좋은 사람 콤플렉스'를 겪는 사람들은
대체로 관계중독에 걸린 경우가 많습니다.
자신이 거절하면 상대와의 관계가 깨어진다고
생각하기 때문에 하기 싫은 일도 떠안고 마는 것입니다.
냉정한 사람, 이기적인 사람이라는
꼬리표가 달릴까 봐 두렵기 때문입니다.

이런 사람들은 자기 인생의 주인으로 살지 못합니다.
관계에 끌려다니다 보니 당연히 행복과도 멀어집니다.

하고 싶지 않은 일이나 할 수 없는 일이라면
거절의 의사를 분명히 표현하세요.

자신의 생각을 솔직하게 표현할 때
죄책감이나 두려움을 느낄 필요는 전혀 없습니다.
오히려 스스로를 속이고 하기 싫은 일을
떠맡는 것이야말로 부끄러워해야 할 일입니다.

"거절해야 할 때 거절할 줄 안다."

큰 소리로 이렇게 말해보세요.
죄책감 없이 자연스럽게 거절할 수 있는 용기가 생길 것입니다.

사랑하는 사람들이 자신을 함부로 대하는데도 가만히 있다면 당신은 결국 그것 때문에 그들을 미워하게 될 것이다. — 앤드류 매튜스

"나는 누구의 눈치도 보지 않는다"

• 자신의 삶에 당당한 사람이 되세요

우리가 상대의 눈치를 보는 경우는
자신의 일에 집중하고 있지 못할 때입니다.
자신의 일에 푹 빠진 사람은 상대의 반응이나 시선에 상관없이
언제, 어디서나 당당합니다.
반면 해야 할 일을 미루고 게으름을 부리는 사람들은
끊임없이 상대의 눈치를 보고 비위를 맞춥니다.

우리 인생도 마찬가지입니다.
자신의 인생에 충실한 사람은 누구의 눈치도 보지 않습니다.
누구의 비위를 맞출 필요도 없습니다.
자신이 하고 싶은 일을 자신의 방식대로 해나갈 수 있습니다.

상대가 나에게 '눈치를 준다'는 말은 성립하지 않습니다.
기준은 언제나 자신의 삶의 태도와 방식입니다.

"나는 누구의 눈치도 보지 않는다" 하고 선언하세요.
그리고 당당하게 인생을 살아나가세요.
내 인생은 어느 누구도 아닌, 나만의 몫입니다.

다른 사람을 지나치게 신경 쓰면, 결국 그 사람의 포로가 된다. – 도덕경

꼭 바뀌어야 할 것은 삶에 대한 자신의 태도인데, 정작 사람들은 자신의 삶 전체가 바뀌기를 바란다. – 예반

"억울한 감정은 빨리 잊자"

• 피해의식은 상대가 아니라 나 자신에게 해를 입힙니다

부당한 대우를 받거나 오해를 받을 때
우리는 누구나 억울한 감정을 느낍니다.
하지만 억울함을 느끼는 정도는 사람마다 차이가 있습니다.

자신감이 부족한 사람은 사소한 일에도
쉽게 억울함을 느끼고 상처받습니다.
이러한 경향이 심해지면 피해의식이 됩니다.
반면 자신을 신뢰하는 사람은 다른 사람들의
말이나 평가에 쉽게 휘둘리지 않습니다.
자신에게 도움이 되는 것만 가려서 취할 줄 압니다.

피해의식은 상대가 아니라 나 자신을 괴롭힙니다.
복수심은 상대가 아니라 나에게 해를 끼칩니다.

이러한 부정적인 결과를 피하는 가장 현실적인 방법은

자신을 믿고, 자신에게 의지함으로써
억울한 감정에서 벗어나는 것입니다.

"억울한 일은 빨리 잊자."

이렇게 말하고 가능한 한 빨리 부정적인 감정에서 벗어나세요.
자신의 결백을 주장하는 사람이 당당한 것처럼,
자신을 믿는 사람은 어떤 상황에서도 당당할 수 있습니다.

진실로 시간이 귀한 줄을 아는 현명한 자는 용서하는 데 지체하지 않는다.
용서하지 못하는 불필요한 고통으로 시간을 허비하지 않기 때문이다.
– 사무엘 존슨

"울고 싶으면 울어도 된다"

• 울고 싶은 데는 다 이유가 있습니다

우리의 모든 감정은 소중합니다.
기쁨, 행복, 만족 같은 긍정적인 감정도 소중하지만
슬픔, 분노, 불안, 두려움 같은 부정적인 감정도 꼭 필요합니다.

우리는 자신이 부정적인 감정을 느낀다는 사실을 두려워합니다.
그래서 피하고 감추려고 합니다.
자꾸만 자신의 감정을 억압하려고 합니다.

우는 것은 부정적인 감정을 치유하는 좋은 방법 중 하나입니다.
눈물을 흘리는 동안 우리의 마음은 자연스럽게 안정을 찾게 됩니다.

마음속에 분노가 쌓여서 괴롭거나 근심걱정 때문에 답답하다면
"울고 싶으면 울어도 돼" 하고 말해보세요.

그동안 스스로 억압해왔던 감정이 풀어지면서 편안해질 것입니다.

실컷 울고 나면 마음이 더욱 가벼워질 것입니다.

울고 싶은 데는 다 이유가 있습니다.
그 감정을 무시하지 말고 보듬어주세요.

울기를 두려워하지 마라. 눈물은 마음의 아픔을 씻어낸다. – 인디언 명언

"평상심을 유지하자"

• 행복도 지나치면 독이 될 수 있습니다

들뜬 마음과 흥분은 우리의 의지와 상관없이
때때로 우리를 위험에 빠뜨립니다.
기쁨, 행복 같은 긍정적인 감정도 지나치면 독이 됩니다.
모든 들뜬 감정은 섣부른 행동으로 이어질 수 있고
그 결과 후회할 일이 생길 수 있기 때문입니다.

감정을 자유롭게 표현하는 것과
감정을 지나치게 드러내는 것에는 큰 차이가 있습니다.
전자는 표현의 수위를 스스로 통제할 수 있지만
후자는 자신의 통제 범위를 벗어난 것이기 때문입니다.

감정을 자유롭게 표현할 때는 '나다움'을 더 잘 의식하게 되지만,
감정을 조절하지 못해서 그 감정에 휘둘릴 때는
'나다움'울 잃어버리게 됩니다.

쓸모없는 감정놀음에 소중한 시간을 낭비하지 않으려면
"평상심을 유지하자"라는 말을
항상 마음속에 새기고 있어야 합니다.

일상생활에서 가장 조심해야 할 것은 사소한 감정을 어떻게 처리하느냐 하는 문제이다. 사소한 일은 계속 발생하며, 그것이 도화선이 되어 큰 불행으로 발전하는 일이 적지 않기 때문이다. – 알랭

외적인 영향에 좌우되고 싶지 않다면 먼저 자기 자신의 격렬한 감정부터 초월해야 한다. – 사무엘 존슨

“마음껏 즐겨도 괜찮다”

• 행복을 자연스럽게 받아들이는 연습을 해보세요

오랫동안 바라던 일이 이루어졌는데도
마음 놓고 즐기지 못하는 사람들이 많습니다.
불안과 두려움에 중독되어 있기 때문입니다.

우리는 때때로 아무 일이 일어나지 않는
평온한 시간들을 견디지 못합니다.
지금껏 불안한 것이 정상이라고 생각하며 살아왔기 때문입니다.
그래서 자꾸만 불안한 일들을 떠올리고
쓸데없는 걱정들로 머릿속을 채웁니다.

모든 중독을 끊을 때와 마찬가지로
불안중독을 끊으려면 강한 결심이 필요합니다.

“마음껏 즐겨도 괜찮다.”
“나는 이 상황이 기쁘고 즐겁다.”

스스로에게 이렇게 말해주세요.
행복을 있는 그대로 받아들이는 연습을 해보세요.
우리는 누구나 행복할 자격이 있습니다.

나는 마침내 살아야 할 유일한 이유를 깨달았다. 그것은 바로 인생을 즐기는 것이다. – 리타 메 브라운

행복하고 싶다면 인생을 해롭게 만드는 심각한 생각을 버리고 명랑한 기질을 간직하라. – 윌리엄 셰익스피어

“가볍게 생각하자”

• 중요한 결정을 내릴 때는 심각한 태도를 버리세요

모든 일을 심각하게 받아들이는 것도 일종의 습관입니다.
심각하다는 것은 생각에 지배당한 상태,
감정에 짓눌려 있는 상태를 뜻합니다.

지나치게 심각하게 생각하면 해결책이 잘 보이지 않습니다.
생각이 경직되어 있어서 상상력이 제한되기 때문입니다.
이러한 상태에서 중요한 결정을 내리면
결과가 좋지 않을 확률이 매우 높습니다.

‘장고 끝에 악수둔다’라는 말이 있습니다.
물론 중요한 일을 결정할 때 충분히 생각하고
여러 가능성을 따져보는 것은 좋은 태도입니다.
하지만 지나치게 긴장하거나
한 번에 모든 것을 만회하려는 태도로 접근하면
악순환에 빠지는 결정을 내리게 됩니다.

중요한 결정을 내릴 때 너무 심각한 태도로 접근하지 마세요.
"가볍게 생각하자" 하고 말해보세요.
긴장을 푸는 데 도움이 될 것입니다.

진정한 고수는 웃으면서 이기는 사람입니다.

웃어라. 온 세상이 너와 함께 웃을 것이다. 울어라. 너 혼자 울 것이다.
– 엘라 휠러 윌콕스

“내일 일을 오늘 미리 걱정하지 말자”

• 감당하지 못할 불행은 일어나지 않습니다

우리가 걱정하는 것의 80%는 일어나지 않을 일이고
나머지 20% 중의 대부분은 우리 힘으로 어쩔 수 없는
일이라는 말이 있습니다.

내일 일을 오늘 미리 걱정하는 것이야말로
인생을 좀먹는 가장 나쁜 습관입니다.

불행을 미리 걱정하고 애써 바꾸려고 하는 것은
결코 어떤 해결책도 되지 않습니다.
인간의 힘으로는 가능하지 않은 일이기 때문입니다.
우리가 할 수 있는 일은 오직 한 가지뿐입니다.
내면의 힘을 길러, 어떤 불행이 닥치든
스스로 감당해낼 수 있는 사람이 되는 것입니다.

신은 우리가 감당하지 못할 불행은 주지 않는다고 합니다.

이러한 믿음을 가지세요.
그리고 당당하게 말해보세요.

"내일 일을 오늘 미리 걱정하지 말자."

온갖 불행을 조용히 이겨낼 수 있도록 자기 자신에게 이성이 존재한다는 것을 알지 못하는 사람은 어리석은 사람이다. – 에픽테토스

“지나고 나면 별일 아니다”

• 시련이 지나가고 난 뒤의 평온한 기분을 상상해보세요

지금 힘든 있을 겪고 있다면
스스로를 영화 속 주인공이라고 생각해보세요.

고통 속에 깊이 빠져 있을 때는
상황을 객관적으로 바라보기가 어렵습니다.
주위 사람들의 위로, 인생의 지혜가 가득 담긴 책,
위기를 극복한 사람들의 조언조차
나와는 무관한 먼 이야기처럼 느껴집니다.
그 사람들과 나는 다른 사람이고,
지금 고통을 겪고 있는 사람은 바로 나 자신이라는
생각에 매몰되어 벗어나기 어렵기 때문입니다.

이럴 때는 자기 자신을 가상의 인물로 설정하고
현재 상황을 바라보면 도움이 됩니다.

영화를 볼 때 우리는 반드시 엔딩을 알 수 있습니다.
어떤 영화든 엔딩은 있게 마련입니다.

위기와 실패, 고통만 한없이 계속되는 영화는 없습니다.
영화 속 주인공들은 그 사실을 알지 못하기 때문에 괴로워하지만
관객은 결국 그 일이 끝날 것이라는 것을 알고 있습니다.

물론 모든 영화가 해피엔딩은 아닙니다.
하지만 지금이 위기라는 사실을 인식하고 있고
이 상황을 바꾸고자 하는 의지가 있다면
엔딩은 내가 원하는 대로 바꿀 수 있습니다.
영화 속 엔딩은 정해져 있지만
인생의 엔딩은 스스로 만들어갈 수 있기 때문입니다.

"지나고 나면 별 일 아니다."

지금 이 순간이 너무 고통스럽다면 이렇게 말해보세요.
이 말을 하는 순간 고통은 나 자신으로부터 분리됩니다.
그리고 고통이 지나간 이후의 평온한 상태를 상상해보세요.
그때의 기분을 미리 느껴보세요.
한결 마음이 편안해질 것입니다.

"지나고 나면 별 일 아니다"라는 말은
힘든 상황을 지혜롭게 넘길 수 있는
기적의 주문이 되어줄 것입니다.

언제까지고 계속되는 불행은 없다. 가만히 견디고 참든지, 용기를 내 내쫓아 버리든지 둘 중의 하나를 택해야 한다. – 로맹 롤랑

인간사에는 안정된 것이 하나도 없음을 기억하라. 그러므로 성공에 들뜨거나 역경에 지나치게 의기소침하지 마라. – 소크라테스

"겁먹지 말자"

• 상황을 받아들이고 냉정하게 생각해보세요

우리가 가장 불안하고 두려울 때는
자신이 왜 불안한지 알지 못할 때입니다.

싸움에서 이기기 위해서는
먼저 상대를 정확하게 파악해야 합니다.
상대를 알지 못하면 아무 대책도 세울 수가 없습니다.
그 상대가 부정적인 감정일 때도 마찬가지입니다.

불안, 근심걱정, 공포, 후회, 죄책감…….
아무리 감당하기 힘든 감정에 사로잡혀 있다 하더라도
현재의 상황을 냉정하게 직면해야 합니다.
그래야 비로소 해결책이 보이기 시작합니다.

"겁먹지 말자!"

힘들고 어려운 일이 생길수록 이렇게 말하세요.
그리고 그 상황을 있는 그대로 받아들이세요.
문제의 원인에 직면하세요.
곧 상대의 약점이 보이기 시작할 것입니다.

성숙하다는 것은 다가오는 모든 생생한 위기를 피하지 않고 마주하는 것을 의미한다. – 프리츠 쿤켈

“쓸데없는 걱정은 하지 않는다”

• 걱정으로부터 자신을 분리하는 연습을 해보세요

쓸데없는 걱정에 빠져 있는 것은
일종의 정신적 게으름 상태에 있는 것입니다.

꼭 해야 할 일들은 외면한 채 걱정만 하느라
아까운 시간을 낭비하지 마세요.

아무리 작은 일이라도 결과를 얻기 위해서는
집중과 실행이 필요합니다.
그런데 쓸데없는 걱정은 정신을 산만하게 만들고
실행력을 떨어뜨립니다.
거기에서 벗어나지 못하면 아무것도 이룰 수 없습니다.

“나는 쓸데없는 걱정은 하지 않는다.”

이렇게 말함으로써 걱정과 자신을 분리시키세요.

강한 의지로 걱정을 떨쳐내세요.

더 생산적인 일에 정신을 집중하세요.

쓸데없는 걱정으로 낭비하기에는

우리 인생이 너무나 소중합니다.

쓸데없는 걱정거리를 피하라. 걱정거리를 철저하게 피해 다니는 것은 행복한 삶을 유지하는 가장 현실적인 지혜이다. – 발타자르 그라시안

"피할 수 없다면 즐기자"

• 주인은 스스로 일하고, 머슴은 억지로 일합니다

가장 강한 사람은 가장 하기 싫은 일을
웃으면서 할 수 있는 사람입니다.
어차피 해야 할 일이라면
억지로 하기보다 즐기는 마음으로 해야 합니다.
그것이 자신의 삶에 대한 예의이기 때문입니다.

주인은 스스로 일하지만 머슴은 시키는 일만 합니다.
주인은 즐거운 마음으로 일하지만 머슴은 마지못해 일합니다.
똑같은 일을 하더라도
하기 싫은 마음으로 억지로 하는 것은
스스로를 인생의 머슴으로 전락시키는 것과 같습니다.

인생의 주인으로 당당히 서고 싶다면,
"피할 수 없다면 즐기자" 하고 말하세요.
아무리 하기 싫은 일이라도 즐기는 마음으로 시작하면

그 과정에서 깊은 성취감을 느낄 수 있습니다.
이것이 한 번뿐인 인생을 멋지게 살아가는 비법입니다.

걱정거리를 두고 웃는 법을 배우지 못하면 나이가 들었을 때 웃을 일이 전혀 없을 것이다. – 에드가 왓슨 하우

흔들리는 나에게 필요한 한마디

초판 1쇄 발행 2016년 1월 22일
초판 3쇄 발행 2017년 9월 18일

지은이_서윤진

발행인_양문형
펴낸곳_타커스
등록번호_2012년 3월 2일 제313-2008-63호
주소_서울시 종로구 대학로14길 21(혜화동) 민재빌딩 4층
전화_02-3142-2887 팩스_02-3142-4006
이메일_yhtak@clema.co.kr

ISBN 978-89-98658-31-1 (03320)

* 값은 뒤표지에 표기되어 있습니다.
* 제본이나 인쇄가 잘못된 책은 바꿔드립니다.
* 이 책은 2013년 출간된 『흔들리는 나에게 필요한 한마디』의 개정판입니다.

이 도서의 국립중앙도서관 출판시도서목록(CIP)은 서지정보유통지원시스템 홈페이지(http://seoji.nl.go.kr)와 국가자료공동목록시스템(http://www.nl.go.kr/kolisnet)에서 이용하실 수 있습니다.
(CIP제어번호: CIP2015035338)